4 **Eine Stadt stellt sich vor**

10 **Hotels und andere Unterkünfte**

18 **Essen und Trinken**

30 Essdolmetscher

32 **Unterwegs in Straßburg**

34 Sehenswertes
50 Museen und Galerien
57 Einkaufen
64 Am Abend
72 **Extra:** Straßburg mit Kindern

74 **Spaziergänge und Ausflüge**

Spaziergänge
76 Durch die Altstadt
   La Petite France
77 Einkaufsbummel mit
   historischer Kulisse
79 Am Wasser entlang
   zum Europarat
80 Durch das beliebte
   Münsterviertel

Ausflüge
82 Zur Burgruine Haut-Barr
   über Saverne
83 Zum Kloster Mont Sainte-Odile
84 Radtour nach Saverne
87 Zum Schiffshebewerk
   und nach Dabo
88 Von Lembach zur Burgruine
   Fleckenstein

90 **Wichtige Informationen**

 92 Straßburg von A–Z
104 Geschichte auf einen Blick
106 Sprachführer
108 Kartenatlas
124 Orts- und Sachregister
128 Impressum

Die Autorin:

Petra Klingbeil lebt als Rundfunk- und Pressekorrespondentin in Straßburg. Überarbeitet wurde diese Auflage von **Rüdiger Tschacher,** freier Autor in Tübingen.

Die Straßen rund um das Münster laden zum Bummeln ein, da sie von regem Leben erfüllt sind: Geschäfte und Cafés, Straßenmusiker und Künstler ziehen Einheimische wie Fremde an.

Vertraut und fremd zugleich –

das ist die Besonderheit dieser elsässischen Stadt in Frankreich. Straßburg steckt voller charmanter Kontraste.

Seit 1949 ist Straßburg Sitz des Europarates, der größten Staatenorganisation Europas (→ S. 39).

Den schönsten Blick auf die Stadt haben Sie, wenn Sie mit dem Auto von der französischen Seite her kommen. Nordwestlich von Straßburg führt bei Saverne die Nationalstraße das Vogesenplateau hinunter. Auf dieser Strecke versperrt nichts den Blick auf das ehrwürdige Münster, das majestätisch aus der dunklen Silhouette der Stadt herausragt.

Zu übertreffen ist diese Aussicht nur noch aus der Vogelperspektive, beim Anflug auf den Flughafen Entzheim. In der Rheinebene gelegen, wird Straßburg umrahmt von den französischen Vogesen, dem deutschen Schwarzwald und den Schweizer Alpen im Hintergrund. Auch aus 2000 Metern Höhe wird der Blick vom Münster eingefangen, und man versteht plötzlich, warum das Gotteshaus im Mittelalter als achtes Weltwunder galt.

Wer allerdings von Deutschland aus mit dem Auto oder mit der Bahn die Grenze in Kehl überquert, darf sich vom ersten Eindruck nicht abschrecken lassen. Hat man erst die Vorstadtsiedlungen und Industriezonen hinter sich gelassen, offenbart sich der Charme der elsässischen Hauptstadt ganz von selbst. Man steckt zwar mitten im französischen Einkaufstrubel, doch hier, fünf Kilometer hinter der Rheingrenze, wird das französische Laisser-faire durch die alemannische Mentalität der Elsässer beeinflusst. Das Straßenbild ist ordentlich und sauber, Geranienkästen hängen an den schmiedeeisernen Balkonen der Fachwerkhäuser mit geradegezupften Gardinen in de Fenstern.

Nicht zuletzt wegen des pr peren Eindrucks der liebevoll res

Straßburg, die deutsch-
französisch-europäische Stad

taurierten Fassaden halten Voll blutfranzosen Straßburg oft fü eine Stadt in Deutschland.

Das ist eine verzeihliche Bil dungslücke. Seit 1870 wurde Straßburg nämlich viermal zwi schen den streitenden Nachbar ländern hin- und hergerissen. Die Hauptstadt des Reichslandes El sass-Lothringen kehrte 1918 zu Frankreich zurück, bis 1940 deut sche Truppen einmarschierten. Die Zwangsrekrutierung der El sässer in die deutsche Wehrmacht brachte die Bevölkerung so gegen die Deutschen auf, dass nach 1945 im wieder französischen El ass der Deutschunterricht an den chulen verboten wurde. Inzwischen lernt über die Hälfte der Schüler wieder Deutsch. Des **Elsässerditsch**, der Regionalsprahe, bedienen sich die Stadtbewohner dagegen immer weniger. Nur auf dem Land wird noch zu etwa 70 Prozent der Dialekt gesprochen. Sie selbst versuchen es am besten erst einmal mit Französisch in Straßburg. Das höfliche Bemühen um die Sprache des Nachbarn wird auf jeden Fall honoriert. Der so Angesprochene wechselt dann vielleicht rasch ins Deutsche. Wer jedoch davon ausgeht, im Elsass selbstverständlich Deutsch sprechen zu können, stößt möglicherweise auf taube Ohren, besonders bei Vertretern der älteren Generation.

Die Straßburger Innenstadt wird eingerahmt von der Ill und ihren Kanälen. Sie ist geprägt von gut erhaltenen mittelalterlichen Häuserfassaden. Beherrscht wird das oval angelegte Stadtgebiet von dem alles überragenden **Münster**. Deshalb ist der natürliche Mittelpunkt des städtischen und vor allem des touristischen Lebens der Münsterplatz. Innerhalb der Ill-Begrenzung ist die Auswahl an guten Restaurants und rustikalen **Winstubs** besonders groß. Nur wenige Schritte vom Münster entfernt, treffen sich die Straßburger in der populärsten und bekanntesten Weinstube, dem »Hailich Graab« (le Saint-Sépulcre). Straßburg ist Bischofssitz, hat die bedeutendste Universität Ostfrankreichs, zahlreiche Fach- und Hochschulen und wissenschaftliche Einrichtungen. Im Zuge der Dezentralisierung wurde 1992 die Eliteschule ENA, an der Verwaltungsbeamte ausgebildet werden, von Paris nach Straßburg umgesiedelt. Das Konservatorium hat einen guten Ruf, und die Schauspielschule des Théâtre National de Strasbourg (TNS) genießt nationales Ansehen.

Zur Europastadt wurde Straßburg 1949 durch die Gründung des Europarates. Eine Woche pro Monat tagt das Europaparlament der 15 EU-Länder. Im Sinn des europäischen Binnenmarktes war es, 1992 den deutsch-französischen Kulturkanal ARTE als ersten zweisprachigen Fernsehsender in Europa in Straßburg einzurichten.

Die wichtigsten Museen der Stadt sind in zehn bis 15 Gehminuten vom Münster aus zu erreichen. Das prachtvolle **Château des Rohan** an der Südseite des Münsterplatzes beherbergt das Musée des Beaux-Arts, das Musée des Arts Décoratifs und das Musée Archéologique. Direkt neben dem Schloss finden Sie in zwei spitzgiebeligen Fachwerkhäusern der früheren Münsterbauhütte das **Musée de l'Œuvre Notre-Dame**. Hier sind die berühmten Originale der Münsterfiguren zu sehen. Drei Straßenecken weiter ist das **Musée Historique** im Schlachthaus aus dem Jahre 1586 untergebracht. Schließlich befindet sich am gegenüberliegenden Ill-Ufer das **Musée Alsacien** mit Zeugnissen der Volkskunst aus dem 16. und 17. Jahrhundert. Ein neues Museum für moderne Kunst wurde im Oktober 1998 am Rande der Altstadt eröffnet.

L'Ancienne Douane an der Ill, das monumentale Alte Kaufhüs, war im Mittelalter eine Art Hafen in der Stadt und erinnert daran, dass der Reichtum der Straßburger auf dem Handel beruht. Schon der erste römische

Straßburg – ein altes Handelszentrum

Name Straßburgs, Argentoratum, hat etwas mit Geld zu tun: Argentum ist das lateinische Wort für Geld, Silber. Doch vom Römerkastell an der Stelle des heutigen Münsters ist nichts mehr übrig geblieben, ebenso wenig wie von dem Strataburgum oder Stratisburgo, das die Alemannen in den Stürmen der Völkerwanderung auf den Trümmern des Kastells errichteten.

Straßburg ist ein Musterbeispiel für eine organische Stadtentwicklung. Der römische Ursprung liegt im Mittelpunkt, die Erweiterungen im Laufe der Jahrhunderte gruppieren sich kreisförmig um das Zentrum. In der Altstadt drängen sich die mittelalterlichen Fachwerkhäuser aneinander, der Kreis erweitert sich auf die klassizistischen Bauten der französischen Zeit, um den Monumentalbauten des wilhelminischen Kaiserreiches Platz zu machen, denen sich die eleganten Neuschöpfungen der europäischen Institutionen am Stadtrand anschließen.

Die sichtbaren Spuren der Straßburger Vergangenheit beginnen mit dem 14. Jahrhundert. Das Schmuckstück der Stadt und Ziel aller Touristen ist das Altstadtviertel **La Petite France**. Im alten Gerberviertel mit Handwerksbetrieben und Färbereie gibt es heute zahlreiche Restaurants und Antiquitätengeschäfte. Im Gegensatz dazu liegt das Altstadtviertel **Krutenau**, die ehemalige Kräuterau der Fischer und Gärtner, am Rande des Touristenstroms. Hier haben sich Lokale, Bars und einige der besten Restaurants der Stadt etabliert.

Östlich der Innenstadt erstreckt sich das Universitätsgelände, das **europäische Viertel** Straßburgs beginnt an der breiten Allée de la Robertsau am nordöstlichen Stadtrand, die in die Avenue de l'Europe mündet. Der mattsilbern

Das moderne Straßburg: Politik und gute Küche

glänzende Bau des **Palais de l'Europe** ist ständiger Arbeitsplatz von etwa 1300 europäischen Beamten aus 41 Mitgliedsländern des Europarates. Dahinter, am Ufer der Ill, schließen sich die Bürogebäude des **Europaparlaments** an. Auf dem gegenüberliegenden Ufer entstand der neue Plenarsaal des Europaparlaments. Daneben schließt sich das neue Gebäude des **Gerichtshofes für Menschenrechte** an.

Ein gutes Mahl in einem gepflegten Restaurant gehört zu den Lieblingsbeschäftigungen der Stadtbewohner. Wer es als Ausländer den Elsässern in dieser Beziehung gleichtut, hat bereits einen großen Schritt zu einem viel versprechenden Aufenthalt in Straßburg getan.

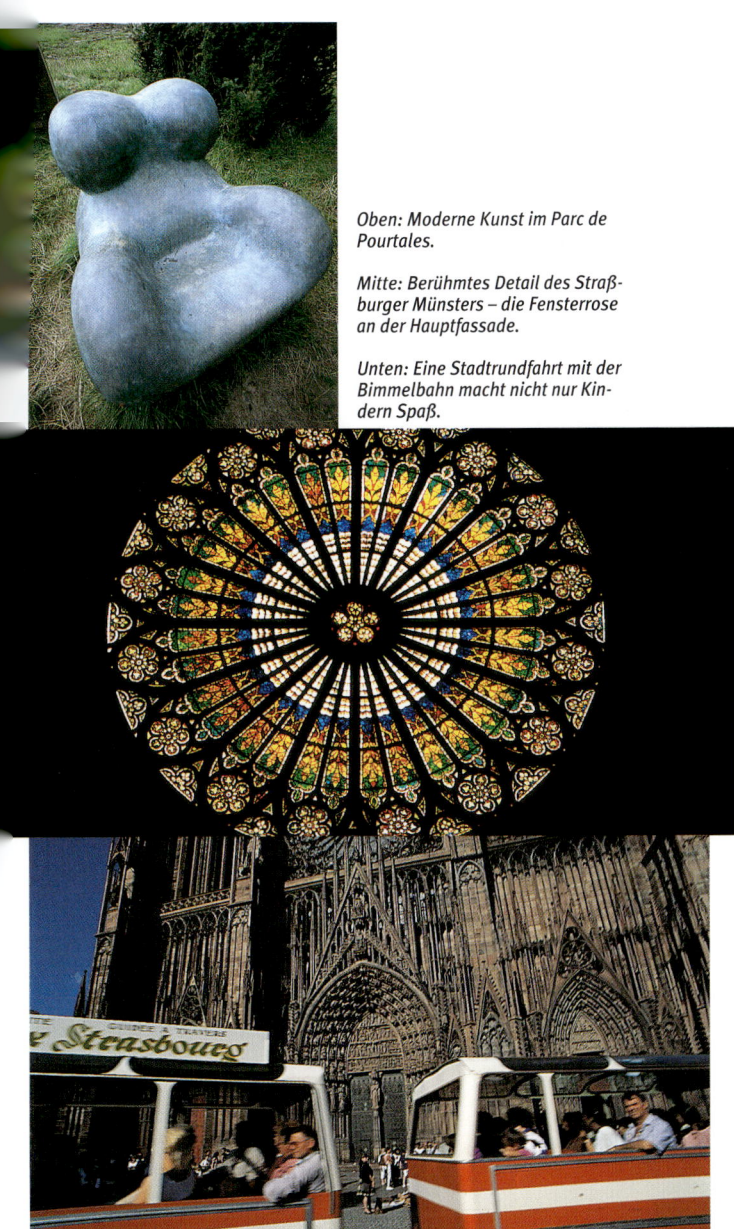

Oben: Moderne Kunst im Parc de Pourtalès.

Mitte: Berühmtes Detail des Straßburger Münsters – die Fensterrose an der Hauptfassade.

Unten: Eine Stadtrundfahrt mit der Bimmelbahn macht nicht nur Kindern Spaß.

Über 70 Hotels und andere Unterkünfte

bietet Straßburg seinen Besuchern: also eine breite Palette verschiedenster Möglichkeiten, sich zu betten.

Zentraler können Sie in Straßburg kaum übernachten als im Maison Rouge (→ S. 14).

Die über 70 Hotels in Straßburg haben zusammen etwa 5000 Zimmer. Für diesen Reiseführer haben wir hauptsächlich Hotels im Zentrum oder in besseren Stadtvierteln ausgesucht. **Während der Sitzungswochen des Europaparlaments sind die meisten Hotels von montags bis freitags ausgebucht.** In Frankreich mietet man das Bett – egal, ob nun eine oder zwei Personen darin schlafen. Das Frühstück ist nicht im Preis inbegriffen und kostet je nach Kategorie zwischen 5 und 12 €. Von den Hotelketten (Sofitel, Mercure, Novotel, Ibis, Formule 1 und Etap Hotel) in und um Straßburg möchten wir in der unteren bis mittleren Preisklasse die Ibis-Hotels empfehlen. Sie bieten ein gutes Preis-Leistungs-Verhältnis.

Preisklassen

Die Preise gelten für eine Übernachtung im Doppelzimmer mit Bad für zwei Personen.
★★★★ ab 140 €
★★★ ab 90 €
★★ ab 60 €
★ ab 30 €

Hotels

Cathédrale-Dauphin M
■ E 11, S. 113
Liegt in der Fußgängerzone direkt gegenüber der Kathedrale. Die Einrichtung ist vornehm und schick mit teilweise schöner Sicht und modernem Komfort.
12, pl. de la Cathédrale; Tel. 03 88 22 12 12, Fax 03 88 23 28 00; 32 Zimmer ★★★
AmEx DINERS EURO VISA

Au Cerf d'Or ■ E 12, S. 113
Ein schönes, etwas verwinkeltes Fachwerkhaus gegenüber dem Stadtarchiv und dem städtischen Krankenhaus mit komfortabel eingerichteten Zimmern.
6, pl. de l'Hôpital; Tel. 03 88 36 20 05,

Fax 03 88 36 68 67; 36 Zimmer ★
EURO VISA

Best Western Hôtel de France M
■ C 10, S. 112
Ein modern eingerichtetes Haus in der Innenstadt mit Garage und Plüschsesseln. Ruhige Lage und komfortable Ausstattung.
20, rue du Jeu-des-Enfants;
Tel. 03 88 32 37 12, Fax 03 88 22 48 08;
70 Zimmer ★★★ AmEx EURO VISA

Les Citadines ♟♟ ■ C 10, S. 112
Apartment-Hotel mit ständig besetztem Empfang im Stadtzentrum. Die geräumigen Zimmer bieten Schlafcouch und eingerichtete Küche für zwei bis vier Personen. Es stehen auch Waschmaschinen zur Verfügung.
50, rue du Jeu-des-Enfants;
Tel. 03 88 22 47 00, Fax 03 88 32 47 49;
106 Zimmer ★★ AmEx EURO VISA

Comfort Hotel ■ C 10, S. 112
Ein modernes Hotel mit komfortabler Innenausstattung. Die Zimmer zur Straßenseite sind etwas laut.
1, quai de Paris; Tel. 03 88 32 07 33,
Fax 03 88 23 50 45; 48 Zimmer ★★
AmEx DINERS EURO VISA

Couvent du Franciscain
■ D 9, S. 113
Verkehrsgünstig in Zentrumsnähe. Das von außen unscheinbare Haus liegt recht ruhig. Die Zimmer sind schlicht ausgestattet und etwas klein. Wichtig: abschließbarer Parkplatz vorhanden!
18, rue du Faubourg-de-Pierre;
Tel. 03 88 32 93 93, Fax 03 88 75 68 46;
Bus 4, 14, 24 und 9, 19 29; 43 Zimmer ★
AmEx DINERS EURO VISA

La Cruche d'Or M M ■ E 11, S. 113
Dieses kleine Haus mitten im Zentrum ist dennoch ruhig gelegen und bietet ein gemütliches holzgetäfeltes Restaurant mit exzellenter Küche. Die Zimmer sind einfach, aber freundlich und sauber.
6, rue des Tonneliers; Tel. 03 88 32 11 23,

x 03 88 21 94 78; 14 Zimmer ★
AmEx DINERS EURO VISA

e Dragon ■ D 12, S. 113
dem restaurierten Fachwerkhaus
us dem 17. Jh. verbirgt sich eine mo-
erne Innenausstattung in dezenten
rauweißtönen. Sehr komfortabel und
uhig gelegen beim Restaurant-Thea-
er »La Choucrouterie« (→ S. 69) um
ie Ecke.
, rue de l'Ecarlate; Tel. 03 88 35 79 80,
ax 03 88 25 78 95; 32 Zimmer ★★★
AmEx DINERS EURO VISA

Esplanade ■ D 15, S. 115
Einfaches und ruhiges Hotel außer-
halb des Zentrums in der Nähe des
Botanischen Gartens und eines Wo-
chenmarktes.
1, bd. Leblois; Tel. 03 88 61 38 95,
Fax 03 88 60 66 87; Bus 3, 7; 50 Zimmer
★ AmEx DINERS EURO VISA

L'Europe ■ C 10, S. 112
Ein schönes Fachwerkhaus in La Petite France mit roten Samttapeten,
modern ausgestatteten Zimmern und
Bädern. Komfortabel, die Zimmer zur
Straße sind etwas laut.
38, rue du Fossé-des-Tanneurs;
Tel. 03 88 32 17 88, Fax 03 88 75 65 45;
60 Zimmer ★★★ EURO VISA

Formule 1 östlich ■ F 23, S. 119
Direkt an der Europabrücke gelegen,
mit einfacher Ausstattung im Jugend-
herbergsstil.
55, route du Rhin; Tel. 03 88 61 47 46,
Fax 03 88 60 30 11; 64 Zimmer
★ AmEx EURO VISA

Des Francs-Bourgeois ■ D 11, S. 130
Das Hotel befindet sich in der Nähe
des ehemaligen Gerberviertels La Pe-
tite France in einer ruhigen kleinen
Gasse. Es bietet allen Komfort.
7, rue de la Chaîne; Tel. 03 88 32 66 60,
Fax 03 88 75 68 76; 34 Zimmer
★★ AmEx EURO VISA

Gutenberg M ■ D 11, S. 113
Zentral in der Nähe des Gutenberg-
Platzes gelegen, mit schön eingerich-
teten Zimmern im elsässischen Stil.
Ruhig und komfortabel.
32, rue des Serruriers; Tel. 03 88 32 17 15,
Fax 03 88 75 76 67; 50 Zimmer ★
EURO VISA

Hannong ■ C 10, S. 112
In der Nähe des Kléber-Platzes, mit
geräumigen, komfortablen Zimmern.
Die Räume nach hinten sind ruhig.
15, rue du 22 Novembre;
Tel. 03 88 32 16 22, Fax 03 88 22 63 87;
70 Zimmer ★★ AmEx DINERS EURO VISA

MERIAN-Tipp

Hotel Beaucour-Baumann Das 1992 eröffnete Haus bietet eine charmante Kombination zwischen traditionellem Fachwerkstil und modernstem Komfort. Das Haus wirkt aufgrund seiner Bau-weise in U-Form verschachtelt, hat aber geräumige und apart ein-gerichtete Zimmer, die zur Verkehrsstraße hin mit Doppelglasfens-tern isoliert sind. Von den Zimmern zur Straßenseite hat man einen schönen Blick auf den nahe gelegenen Münsterturm. Das Münster ist in fünf Gehminuten zu erreichen – zentraler geht es kaum. 5, rue de Bouchers, Tel. 03 88 76 72 00, Fax 03 88 76 72 60, 49 Zimmer
★★★ AmEx DINERS EURO VISA ■ E 12, S. 113

Ibis Centre M

westlich ■ A 12, S. 112
Großes Hotel in der Nähe der Autobahn, des Bahnhofs und des Flusses l'Ill. Von hier aus haben Sie einen schönen Blick auf die Altstadt.
7, rue de Molsheim; Tel. 03 88 22 30 00, Fax 03 88 75 65 31; 245 Zimmer ★★
AmEx DINERS EURO VISA

De l'Ill

■ F 11, S. 113
Ein sehr einfaches, aber sauberes Hotel in der Krutenau, am Rande des Touristenstromes. Beliebt bei sparsamen Gästen der Universität.
8, rue des Bâteliers; Tel. 03 88 36 20 01, Fax 03 88 35 30 03; 27 Zimmer ★
EURO VISA

Maison Rouge M

■ D 11, S. 113
Zentraler geht's nicht. Das Hotel, fünf Gehminuten vom Viertel Petite France entfernt, ist komfortabel eingerichtet und hat auch einige Zimmer mit Klimaanlage. Den Parkplatz fürs Auto reserviert man besser.
4, rue des Francs-Bourgeois; Tel. 03 88 32 08 60, Fax 03 88 22 43 73
★★ AmEx DINERS EURO VISA

Mercure

östlich ■ F 23, S. 119
Liegt direkt an der Europabrücke im Rheinpark und hat einen geräumigen, eingezäunten Parkplatz. Die Zimmer sind nicht besonders groß, aber komfortabel ausgestattet.
Parc du Rhin; Tel. 03 88 61 03 23, Fax 03 88 60 43 05; 93 Zimmer
★★ AmEx DINERS EURO VISA

Pax M

■ B 10, S. 112
Ganz in der Nähe von La Petite France befindet sich dieses kleine Hotel mit Restaurant und gutem Preis-Leistungsverhältnis. Die renovierten Räumlichkeiten und das freundliche Personal garantieren einen angenehmen Aufenthalt im Herzen der Stadt.
24/26, rue du Faubourg National; Tel. 03 88 32 14 54, Fax 03 88 32 01 16; 106 Zimmer ★★ AmEx DINERS EURO VISA

Des Princes M

■ D 14, S. 11
Vornehm und ruhig, zwischen Europäischem Parlament und Orangerie-Park liegt das Hotel in einem Wohnviertel.
33, rue Geiler; Tel. 03 88 61 55 19, Fax 03 88 41 10 92; 43 Zimmer
★★ AmEx DINERS EURO VISA

Régent Petite France M M

■ C 11, S. 112
Dieses schöne Hotel liegt mitten in der Altstadt. Seinen besonderen Charme entwickelt das Haus aus der Verbindung von historischer Bausubstanz und moderner Einrichtung. Eines der attraktivsten, aber auch teuersten Quartiere in Straßburg.
5, rue des Moulins; Tel. 03 88 76 43 43, Fax 03 88 76 43 76; 72 Zimmer
★★★★ AmEx DINERS EURO VISA

Des Rohan M

■ E 11, S. 113
Ein prestigebewusstes Haus in der Fußgängerzone unweit der Kathedrale. Sehr aufmerksamer Service, individuell eingerichtete Zimmer.
17–19, rue du Maroquin; Tel. 03 88 32 85 11, Fax 03 88 75 65 37; 36 Zimmer ★★ AmEx DINERS EURO VISA

Sofitel M

■ D 10, S. 113
Hotel in der Straßburger Innenstadt, relativ ruhig gelegen. Besonders angenehm ist der Innenhof. Die Bar ist beliebter Treffpunkt für Politiker und Journalisten.
Pl. Saint-Pierre-le-Jeune; Tel. 03 88 15 49 00, Fax 03 88 15 49 99; 158 Zimmer ★★★★ AmEx DINERS EURO VISA

Aux Trois Roses

■ A 15, S. 114
Am Rande des Stadtviertels Krutenau. Im Haus herrscht eine familiäre Atmosphäre, die Zimmer sind nicht groß, aber komfortabel. Mit Sauna!
7, rue de Zurich; Tel. 03 88 36 56 95, Fax 03 88 35 06 14; 33 Zimmer
★★ AmEx DINERS EURO VISA

Oben: Eine gelungene Mischung aus Alt und Neu ist das Hotel Cathédrale-Dauphin in der Fußgängerzone (→ S. 12).

Mitte: Im Hotel Le Dragon liegen die geschmackvoll und modern eingerichteten Zimmer hinter einer Fachwerkfassade (→ S. 13).

Unten: Das Hotel Régent Petite France liegt mitten in der Altstadt. Lage und Ausstattung haben jedoch ihren Preis.

Villa d'Est M ♈♈ ■ D 4, S. 109

Ein kleines, anziehendes Hotel, dessen Zimmer gemütlich mit Bauernmöbeln ausgestattet sind. Nur wenige Schritte bis zum Europäischen Parlament und zum Konferenz-Zentrum nahe der Innenstadt.
12, rue Jaques Kablé; Tel. 03 88 15 06 06, Fax 03 88 15 06 16; 48 Zimmer ★ ★ ★
AmEx DINERS EURO VISA

Sonstige Unterkünfte

Auberge de Jeunesse »Parc du Rhin«
♈♈ östlich ■ F 23, S. 119
Die Jugendherberge liegt ganz im Grünen im Rheinpark an der Europabrücke Kehl. Der Empfang ist durchgehend geöffnet. Für Campmobilbesitzer: Es gibt spezielle Strom- und Wasseranschlüsse.
Rue des Cavaliers (eine Hausnummer gibt es nicht, aber der Weg ist gut ausgeschildert); Tel. 03 88 45 54 20, Fax 03 88 45 54 21; Bus 21; die Übernachtung in den 2-4 Bettzimmern kostet mit Vollpension je nach Saison ab 26 €

Auberge de Jeunesse »René Cassin«
westlich ■ A 18, S. 116
Befindet sich im Grünen im Viertel Montagne Verte, etwa 2 km südwestlich vom Stadtzentrum. Der Empfang ist von 7–23 Uhr durchgehend besetzt und die Eingangstür in unüblicher Großzügigkeit bis 1 Uhr morgens geöffnet.
9, rue de l'Auberge de Jeunesse, Montagne Verte; Tel. 03 88 30 26 46, Fax 03 88 30 35 16; Bus 15; ab 3 € pro Übernachtung

Le Ciarus ♈♈ ■ D/E 1, S. 113
Ein internationales Empfangszentrum für Jugendgruppen nicht weit vom Zentrum. Betten in Einzel- oder Mehrbettzimmern werden auch an Individualtouristen vergeben.
7, rue Finkmatt; Tel. 03 88 15 27 88, Fax 03 88 15 27 89; 66 Zimmer ★

Hotels in der Umgebung

Auberge au Chasseur M
■ c 4, S. 8
Liegt etwa 15 km südlich von Straßburg in Fegersheim. Dieses schmucke Hotel im Fachwerkstil ist etwas für Kenner.
19, rue de la Liberté, Fegersheim; Tel. 03 88 64 03 78, Fax 03 88 64 05 49; Bus 65; 24 Zimmer ★ AmEx EURO VISA

Château de l'Ile M M
■ c 4, S. 8
Dieses Prachtschloss in einem Märchenpark liegt zwischen Zentrum und Flughafen. Die Zimmer im Stil des 19. Jh. sind klimatisiert und elegant eingerichtet. Das Haus hat ein Schwimmbad und zwei Restaurants.
4, quai Heydt, Ostwald; Tel. 03 88 66 85 00, Fax 03 88 66 85 49; Bus 23, 62 Zimmer
★ ★ ★ ★ AmEx DINERS EURO VISA

Comfort Hotel
westlich ■ A 17, S. 116
Das Haus wurde 1990 im Stil einer amerikanischen Farm erbaut und hat hell und freundlich eingerichtete Zimmer. Es liegt an der Autobahnausfahrt »Montagne Verte« etwa 5 km vom Zentrum. Nettes Restaurant.
14, rue des Corroyeurs, Strasbourg-Montagne Verte; Tel. 03 88 29 06 06, Fax 03 88 29 36 66; Bus 3/23, 66 Zimmer
★ AmEx DINERS EURO VISA

Hostellerie du Duc d´Alsace M
■ b 4, S. 87
Das Haus im malerischen Städtchen Obernai ist im altelsässischen Stil gebaut, hat aber eine moderne Innenausstattung.
6, rue de la Gare, Obernai; Tel. 03 88 95 55 34, Fax 03 88 95 00 92; 19 Zimmer ★ ★ AmEx EURO VISA

Hostellerie Mont Sainte-Odile M M
■ b 4, S. 87
Auf dem Klosterberg der Heiligen Odilie bietet dieses Haus eine preiswerte Unterkunft. Die meisten

...mmer sind nur mit Waschbecken
...usgestattet, aber der Blick über die
...heinebene ist unbezahlbar.
...ont Sainte-Odile, Ottrott;
...el. 03 88 95 80 53, Fax 03 88 95 82 96;
...0 Zimmer ★ EURO VISA

...bis ■ c 3, S. 87
...iegt in einem Geschäftszentrum
...icht weit vom Messegelände und
...ongresszentrum. Die Zimmer sind
...uhig gelegen und hübsch eingerichtet.
..., av. Pierre Mendès-France, Schiltigheim
...el. 03 88 81 24 44, Fax 03 88 62 18 55;
...us 6; 120 Zimmer ★ AmEx DINERS EURO
VISA

...Le Moulin de la Wantzenau M M
■ c 3, S. 87
Diese alte Mühle 15 km nördlich von
Straßburg gehört gewiss zu den ori-
ginellsten Übernachtungsmöglichkeiten in der Umgebung Straßburgs.
Das Haus mit komfortabel ausgestatteten Zimmern liegt zwischen Wiesen
und Feldern und hat ein sehr feines
Restaurant.
27, route de Strasbourg, La Wantzenau;
Tel. 03 88 59 22 22, Fax 03 88 59 22 00;
20 Zimmer ★ ★ AmEx EURO VISA

Père Benoit M
■ c 4, S. 87
Die Zimmer in diesem Fachwerkhaus
an der Hauptstraße des Dorfes sind
rustikal eingerichtet und geräumig.
Im angeschlossenen Restaurant werden elsässische Spezialitäten serviert.
34, route de Strasbourg,
Entzheim; Tel. 03 88 68 98 00,
Fax 03 88 68 64 56; Bus 3; 60 Zimmer
★ AmEx EURO VISA

Ramses
■ c 4, S. 87
An der Verlängerung der Route de
Schirmeck, 7 km südwestlich
vom Stadtzentrum gelegen. Die Zim-
mer sind modern eingerichtet.
59, rue du Maréchal Foch-Lingolsheim;
Tel. 03 88 76 11 00, Fax 03 88 77 39 31;
Bus 15; 41 Zimmer ★ AmEx DINERS EURO
VISA

*Eine recht originelle Art und
Weise, für seine Zimmervermie-
tung zu werben ...*

Das Reich der Gourmets und

Hochburg des guten Geschmacks – das ist Straßburg. Jeder wird hier zu köstlichen Speisen und
schönen Weinen verführt.

Die Straßburger sitzen gerne draußen – und wenn es dazu einen Café au lait und einen »kougelhopf« gibt, umso besser!

»War nit liebt Win, Weib und G'sang/Der blibt e Narr sin Läwe lang«, sagen die Elsässer, die Essen und Trinken zu einer kulinarischen Kunst entwickelt haben. Die Grenzland-Einflüsse bringen sie auf folgenden Nenner: Die Franzosen essen gut und wenig, die Deutschen schlecht und viel und die Elsässer gut und viel. Allerdings erst ab Mittag, um sich langsam auf den Höhepunkt am Abend vorzubereiten.

Das Frühstück, **petit déjeuner,** beschränkt sich auf einen **express** mit einem **croissant** oder **pain au chocolat.** Auch mittags begnügt man sich zum **déjeuner** häufig mit einem Gericht **à la carte** oder mit dem **plat du jour,** der meistens aus Fleisch, Pommes frites und einer Salat-Beilage besteht. Abends wird es dann gemütlicher: Man beginnt mit einem Aperitif, einem **Ricard**, Anisschnaps, **Picon**, Bier mit Orangenlikör, **Kir**, Weißwein mit einem Schuss Johannisbeerlikör, oder **Martini**. Die Vorspeise, **hors-d'œuvre,** soll den Geschmackssinn befriedigen und nicht den Magen füllen, da reicht ein **salade frisée aux lardons**, Salat mit gebratenen Speckstücken, oder ein paar **escargots**, Schnecken, oder ein Stück Gänseleber. Das Hauptgericht nennt man im Elsass gern **plat de résistance**. Es besteht aus einem Stück Fleisch mit Gemüse oder Salatbeilagen, zu dem man sich einen passenden Wein aussucht. Dann kommt der Käse an die Reihe, und als Nachtisch werden eisige Köstlichkeiten und Torten angeboten. Der anschließende **Digestif**, ein Cognac oder Schnaps, hilft der Verdauung, und zum Abschluss trinkt man noch einen **express**. In feinen Restaurants folgt nach dem Hors-d'œuvre ein kleines Zwischengericht in Form eines exquisiten Fischhappens. Frisches Weißbrot hingegen gehört zu jeder französischen Mahlzeit, von der einfachsten bis zur feinsten.

Französische Sitten

Das Mittagessen wird zwischen 12 und 14.30 Uhr, das Abendessen, **diner**, zwischen 19 und 22 Uhr serviert. Zwischen diesen Hauptzeiten bieten nur wenige Restaurants warme Gerichte an. Für alle Lokale gelten die französischen Sitten: Es ist nicht üblich, sich selber einen Tisch zu suchen, auch wenn das Restaurant kaum besetzt ist. Man wartet, bis man einen Tisch zugewiesen bekommt. Bei einer Tischrunde mit mehreren Personen ist es auch nicht üblich, die Rechnung getrennt zu bezahlen. Der Ober bringt eine Rechnung für die ganze Runde. Anschließend teilt man den Betrag untereinander.

Feine Restaurants und rustikale Weinstuben

Man unterscheidet zwischen Restaurants, die von der einfachen Gaststube bis zur feinsten Luxusklasse reichen, und den traditionellen gemütlichen Weinstuben, die ursprünglich von den Winzern der Region als Weinausschank eingerichtet wurden. In diesen rustikalen Gasträumen sitzt man häufig an langen schweren Holztischen zusammen. Auch wenn die Speisekarten auf typische Regionalgerichte beschränkt sind, so haben sich viele Weinstuben mittlerweile zu bekannten Feinschmeckerlokalen gemausert.

Essen wird groß geschrieben

Die **Spezialitäten** der Region haben sich aus der deftigen und nahrhaften Hausmannskost für die hwer arbeitende Landbevölkerung ntwickelt. Franzosen aus anderen egionen des Landes beurteilen die sässische Küche deshalb bisweilen it wohlwollender Herablassung. Es bt Anhänger der Nouvelle Cuisine, elche die außerordentlich großzügien und reichhaltigen Portionen emängeln, die nach hemmungsloem Genuss schwer im Magen liegen önnen. So erklärt es sich, dass manhe Franzosen in Straßburg, was das ssen betrifft, größere Umstellungsrobleme haben als deutsche Besuher.

este Weine zum Menü

Weine aus dem Elsass haben im In- und Ausland einen sehr guten Ruf. Über ein Viertel der Jahresproduktion von etwa 900 000 Hektoliter wird exportiert, ein Großteil in die Bundesrepublik. Neunzig Prozent der elsässischen Weinproduktion bestehen aus trockenen Weißweinen, und zwar ohne den geringsten Zuckerrest, der in Deutschland den »halbtrockenen« Weinen den milden Geschmack verleiht. Die besten Weine aus edlen Rebsorten und ausgesuchten Anbaugebieten tragen die Qualitätsbezeichnung **Appellation d'Alsace contrôlée.** Zur einsamen Spitzenklasse gehören die Weine mit der **Appellation Alsace Grand Cru**, die den Flascheninhalt als ein streng kontrolliertes Produkt aus den besten Lagen ausweist. Diese 1975 eingeführte Bezeichnung ist auf Gewürztraminer, Pinot Gris, Riesling und Muscat beschränkt. Der Hinweis auf dem Etikett »mis en bouteille à la propriété«, Erzeugerabfüllung, ist ebenfalls ein Maßstab für Qualität und Unterschied zum Wein eines Großhändlers (coopérative). Die Aufschrift **Vin d'Alsace** bedeutet, dass der Wein im Elsass abgefüllt wurde. Elsässischen Wein trinkt man im Allgemeinen »jung«, nach zwei bis fünf Jahren Lagerzeit. Während die ande-

ren französischen Weine den Namen ihrer Ursprungsregion Bordeaux, (Bourgogne, Côtes du Rhône) tragen, werden sie im Elsass nach der Rebsorte benannt, aus der sie hergestellt wurden. Wie gut elsässische Weine schmecken, erfährt man am besten in Kombination mit einem wohlschmeckenden Essen.

Preisklassen

Die Preise beziehen sich jeweils auf ein dreigängiges Menü ohne Getränke und Trinkgeld.
★ ★ ★ ★ ab 90 €
★ ★ ★ ab 45 €
★ ★ ab 30 €
★ ab 20 €

Restaurants

L'Alsace à Table Ⓜ ■ D 11, S. 113
Die Meeresfrüchte und Austern verlocken bereits vor dem Eingang, im Gastraum können Sie sich einen Hummer im Wasserbecken selbst aussuchen. Unbedingt zu empfehlen ist der frische Lachs auf Sauerkraut. Dieses Gericht schmeckt einfach köstlich. Auch die elsässischen Fleischgerichte sind mit Fingerspitzengefühl zubereitet und munden besonders gut mit einem Vin d'Alsace.
8, rue des Francs-Bourgeois;
Tel. 03 88 32 50 62; tgl. geöffnet
★ ★ ★ AmEx DINERS EURO VISA

L'Ancienne Douane 👫
■ E 11, S. 113
Ein großes, häufig von Touristen bevölkertes Lokal mit durchgehend warmer Küche von 12 bis 24 Uhr. Ein Brand machte eine komplette Renovierung nötig. Geboten werden traditionelle elsässische Gerichte, die auf der herrlichen Terrasse mit dem Blick über die Ill am besten schmecken.
6, rue de la Douane; Tel. 03 88 15 78 78;
tgl. geöffnet ★ ★ AmEx DINERS EURO VISA

La Bague d'Or   ■ D 10, S. 113
In diesem Alt-Straßburger Lokal mit durchgehend warmer Küche von 9 bis 22 Uhr hat sich seit Jahrzehnten nichts verändert. Man trifft die Bewohner des Viertels und die Journalisten der Regionalzeitung. Das Essen ist einfach und gut.
7, rue de l'Eglise; Tel. 03 88 32 47 42; Sa und So geschl. ★ AmEx EURO VISA

Bistro de la Gare à l'Italienne M
   ■ E 11, S. 113
Hier bekommt man gutes Essen zu Niedrigpreisen – Salate, Entenleber, Geflügel und Fleisch schmecken am besten auf der Terrasse.
18, rue du Vieux Marché-aux-Grains (Nähe Place Gutenberg); Tel. 03 88 32 18 34; tgl. geöffnet ★ AmEx EURO VISA

Le Bistrot du Quai ☗☗ ■ A 15, S. 114
Hier trifft sich ein überwiegend jugendliches Publikum, um im rustikalen Rahmen regionale Spezialitäten zu genießen. Besonders beliebt ist der schmelzende Münsterkäse auf Bratkartoffeln, und appetitanregend sind die Bretzel- und Knackwurst-Fotos an den Wänden.
11, quai des Pêcheurs; Tel. 03 88 37 31 37; So geschl. ★ EURO VISA

Le Bürehiesel M M   ■ F 13, S. 115
Dieses erlesene Restaurant in einem alten Bauernhaus liegt mitten im herrlichen Parc de l'Orangerie. Jeder Gast wird mit größter Aufmerksamkeit bedient und beraten. Serviert werden feinste Fisch- und Fleischspeisen, und die Auswahl an französischen Weinen ist beeindruckend.
4, parc de l'Orangerie; Bus 23, 30; Tel. 03 88 45 56 65; Di abend und Mi geschl. ★★★★ AmEx DINERS EURO VISA

La Cambuse M M   ■ C 11, S. 112
Die Speisekarte ist ebenso klein und fein wie der holzgetäfelte Gastraum, der an die Kapitänskajüte eines noblen Segelschiffes erinnert. Fisch-

suppe, Aalsalat und Lachsfilet schmecken köstlich. Die Weinkarte bietet dazu auserlesene Tropfen.
1, rue des Dentelles, La Petite France; Tel. 03 88 22 10 22; So und Mo geschl. ★★★ EURO VISA

La Choucrouterie M M
   ■ D 12, S. 11?
Die Sürkrütstub mit dem angeschlossenen Theater (→ S. 69) ist das »In«Restaurant der regionalen Kulturszene. Hier wird bei verschiedenen Sauerkrautgerichten viel gelacht und gesungen.
20, rue Saint-Louis, Finkwiller; Tel. 03 88 36 52 87; So geschl. ★★ AmEx DINERS EURO VISA

La Cloche à Fromage ■ E 11, S. 113
Mehr als 80 Käsesorten werden hier zubereitet. Nach sachkundiger Beratung wird auch der passende Wein-Begleitung serviert, das alles in einfachem Rahmen.
27, rue des Tonneliers; Tel. 03 88 23 13 19; Di geschl. ★ AmEx DINERS EURO VISA

Au Coq Blanc   östlich ■ F 5, S. 111
Das Restaurant bietet elsässische Gerichte in bester Qualität, die Bedienung ist aufmerksam, die Weine sind ausgezeichnet. Besonders schön kann man im Garten speisen.
9, rue Mélanie, Strasbourg-Robertsau (hinter dem Europarat); Bus 23; Tel. 03 88 41 87 77; So und Mo geschl. ★★ EURO VISA

La Cour des Chasseurs ☗☗
   nördlich ■ F 5, S. 111
Um Flammekuchen zu essen, fährt man aufs Land. Dieses bei Familien beliebte Restaurant liegt 5 km nördlich von Straßburg.
47, Faubourg d'Alençon, La Wantzenau; Bus 72; Tel. 03 88 96 24 83; Mo geschl. ★★ EURO VISA

Oben: Verschiedene Essigsorten geben den Salaten der elsässischen Küche erst das richtige Aroma.

Mitte: Wenn Sie die traditionelle elsässische Küche kennen lernen möchten, sind Sie im Lohkäs an der richtigen Adresse (→ S. 24).

Unten: Französischer und deutscher Einfluss offenbart sich mit Baguette und Kougelhopf auch in elsässischen Backstuben.

La Crêpe Gourmande ■ E 11, S. 113
Die bretonischen Crêpes mit Fleisch, Gemüse- oder Käsefüllung sind bei dem hauptsächlich jugendlichen Publikum sehr beliebt. Als Dessert werden die Crêpes mit Früchte-Einlage serviert.
11, rue des Tonneliers; Tel. 03 88 22 12 82; So und Mo Mittag geschl. ★ EURO VISA

Au Crocodile M M ■ D 10, S. 113
Der Chefkoch Emile Jung weiß, warum er die höchste Auszeichnung von 3 Sternen im Guide Michelin erhalten hat. Es werden feinste Köstlichkeiten der Nouvelle Cuisine serviert, die hungrige Gäste nicht unbedingt satt machen. Der Rahmen ist geschmackvoll.
10, rue de l'Outre; Tel. 03 88 32 13 02; So und Mo geschl. ★★★★
AmEx DINERS EURO VISA

La Cruche d'Or M ■ E 11, S. 113
Angenehmes Lokal mit regionalen Spezialitäten. Bei den Stammgästen besonders beliebt ist das Zanderfilet mit Estragon.
6, rue des Tonneliers;Tel. 03 88 32 11 23; So geschl. ★ AmEx EURO VISA

Le Festin de Lucullus ■ D 11, S. 113
Wahrlich ein Fest! Das Restaurant bietet in einem holzverkleideten Rahmen eine verfeinerte regionale Küche, die von der bemerkenswerten Fantasie des Chefkochs lebt, beispielsweise die Kürbissuppe oder das Fischgericht mit Safran.
18, rue Sainte-Hélène (hinter dem Kaufhaus Magmod); Tel. 03 88 22 40 78; So geschl.
★★ AmEx DINERS EURO VISA

Le Flam's 👥 ■ D 11, S. 113
Ideal für junge Leute mit schmalen Brieftaschen und großem Appetit. Das Lokal ist Stammsitz einer kleinen Restaurant-Kette, die auch in Süd-Deutschland zwei Filialen besitzt. Es ist einfach eingerichtet, aber die Preise für einen delikaten Flammkuchen sind unschlagbar niedrig.

1, rue de l'Epine (Nähe place Gutenberg); Tel. 03 88 75 77 44; tgl. geöffnet
★ EURO VISA

Au Joyeux Pêcheur M M
■ F 5, S. 11?
Etwas außerhalb gelegen, aber per Bus leicht erreichbar. In diesem volkstümlichen Lokal können Sie die elsässische **tarte flambée** essen und dazu ein Glas Wein oder auch zwei trinken. Lecker!
50, route de la Wantzenau; Bus 30; Tel. 03 88 31 00 04; So geschl.
★★ EURO VISA

Julien M M ■ F 11, S. 113
Am Ufer der Ill, gegenüber dem Château des Rohan, liegt das mit Recht hoch gelobte Restaurant mit Belle-Époque-Dekor. Hervorragende Küche von den bekannten Küchenchef Eric Lestuzzi. Sehr empfehlenswert ist die Steinpilzpfanne.
22, quai des Bateliers; Tel. 03 88 36 01 54; So und Mo geschl. ★★★ VISA

Lohkäs ■ C 11, S. 112
In dem Gastraum mit einem altertümlichen mechanischen Orchester kann man verschiedene Sauerkrautgerichte und Gänseleber nach Hausmacherart probieren. Zu den Spezialitäten gehört der Fasan mit Rosinen. An den Wänden sind alle elsässischen Schnäpse (**eaux de vie**) aufgereiht, es gibt aber auch Bier vom Fass.
25, rue du Bain-aux-Plantes, La Petite France; Tel. 03 88 32 05 26; Do und Fr außer an Feiertagen geschl. ★★
AmEx EURO VISA

La Maison des Tanneurs M M
■ C 11, S. 112
Die »Gerwerstub« ist die erste Adresse für Sauerkraut-Gerichte. Wenn man rechtzeitig reserviert und in dem gemütlichen Gastraum einen Tisch am Fenster erwischt, hat man einen herrlichen Blick auf die Ill.
42, rue du Bain-aux-Plantes, La Petite

ance; Tel. 03 88 32 79 70; So und Mo
·schl. ★ ★ ★ AmEx DINERS EURO VISA

e Maronnier

chönes elsässisches Traditionshaus
·uf dem Land, liebevoll eingerichtet
·nd mit viel Platz, auch im Hof unter
chattigen, alten Bäumen. Die elsäs-
·ischen Spezialitäten und Flammeku-
·hen sind von bester Qualität.
·8, route de Saverne, Stutzheim (15 km
·ordwestlich von Straßburg in Richtung
Saverne); Tel. 03 88 69 84 30; tgl. geöffnet
★ ★ EURO VISA

La Mauresse M ■ E 11, S. 113

Eine feine Adresse für Liebhaber von
Fisch und Meeresfrüchten. Der Gastraum ist modern und im Schifferstil
eingerichtet.
7, rue du Vieux-Marché-aux-Poissons;
Tel. 03 88 75 55 27; Mo geschl.
★ ★ ★ AmEx DINERS EURO VISA

Aux Milles Pâtes ■ F 10, S. 113

Ein hell und freundlich eingerichtetes
Restaurant, das sich den italieni-
schen Teigwaren verschrieben hat.
Diese werden in fantasiereichen Variationen angeboten, es gibt aber
auch Gemüse- und Fleischgerichte.
8, pl. Saint-Etienne; Tel. 03 88 35 55 23;
So und Mo Mittag geschl. ★ ★
AmEx EURO VISA

Le Panier du Marché ■ D 11, S. 113

In dem hellen und kühl eingerichteten Gastraum trifft sich die lokale
Bourgeoisie zu Geschäftsessen. Die
Spezialität des Hauses ist die täglich
wechselnde Karte je nach Angebot
der Saison und des Marktes. Auch
die Nachspeisen sind beeindruckend.
15, rue Sainte-Barbe (hinter dem Kaufhaus
Magmod); Tel. 03 88 32 04 07; So geschl.
★ ★ VISA

La Petite Ecurie ■ E 11, S. 113

Das Lokal ist klein, aber gemütlich im
elsässischen Stil eingerichtet. So geschmackvoll wie der Rahmen ist auch

die Küche mit traditionellen Regio-
nalgerichten in Begleitung feiner
Weine.
8, rue de l'Ecurie; Tel. 03 88 23 06 22;
So geschl. ★ EURO VISA

La Petite Mairie ■ E 10, S. 113

Hier treffen sich Rathaus-Angestellte
mit gesundem Appetit. Besonders
beliebt sind die deftigen Sauerkraut-
Gerichte mit dicken Landkartoffeln.
Die Bedienung berät gern über den
dazu passenden Wein.
5, rue Brûlée; Tel. 03 88 32 83 06;
So geschl. ★ AmEx EURO VISA

Le Pont aux Chats M ■ A 15, S. 114

Zahlreiche Katzenskulpturen und
-zeichnungen machen dem Lokalna-
men alle Ehre. Ein Geheimtipp für
Kenner mit lauschigem Innenhof. Die
Küche ist traditionell und wird dabei
auf manchmal ungewöhnliche, aber
stets schmackhafte Weise verfeinert.
Das gilt für den Lachs auf Sauerkraut
ebenso wie für den Apfel-Pflaumen-
Strudel.
42, rue de la Krutenau; Tel. 03 88 24 08 77;
So geschl. ★ ★ ★ ★ AmEx DINERS
EURO VISA

Au Pont de l' Ill

                nördlich ■ F 5, S. 111
Die 5 km lange Fahrt in das nördlich
gelegene Dorf lohnen sich für die
ausgezeichneten Fisch- und Fleischgerichte, die durch die wunderbare
Lage des Restaurants direkt an der Ill
noch besser schmecken.
2, rue du General Leclerc, La Wantzenau;
Tel. 03 88 96 29 44; Mi geschl. ★ ★
AmEx DINERS EURO VISA

Au Renard Prêchant M

                ■ A 15, S. 114
Lokal mit besonderer Atmosphäre,
hauptsächlich von Insidern bevölkert. Den geschichtsträchtigen
Namen »Wo der Fuchs den Enten
predigt« lassen Sie sich am besten
vom Wirt erklären. Die feinen Kalbs-

schnitzel in Armagnac oder Rinder-
steaks sind empfehlenswert.
34, rue de Zurich, Krutenau;
Tel. 03 88 35 62 87; So geschl.
★★★ EURO VISA

La Robe des Champs ■ E 11, S. 113
Der Gastraum ist klein aber fein.
Geboten werden 18 verschiedene
Kartoffelgerichte. Sowohl Vegetarier
als auch Gourmets, die Fleisch bevor-
zugen, kommen auf ihre Kosten. Sehr
gute Nachspeisen.
4, rue de l'Ecurie (Altes Zollhaus);
Tel. 03 88 22 36 82; So außer im Dez. geschl. ★ EURO VISA

S'Stuebel ■ C 10, S. 112
Die Gaststube mit ihrer rustikalen
Holzverkleidung hat eine gemütliche
Atmosphäre. Auf der Speisekarte ste-

MERIAN-Tipp

Maison Kammerzell Der Besitzer Guy-Pierre Bau-
mann hat dieses historische
Schmuckstück zu einem be-
sonderen Feinschmecker-Restaurant auf drei Etagen gemacht. Sie steigen eine steinerne Renaissance-Wendel-
treppe empor und bewundern
die Fresken in den historischen
Speisesälen. Beliebt bei den
Gästen sind Sauerkraut mit
Wurst- und Fleischbeilagen,
wobei das Sauerkrautgericht
mit Fisch als besondere Spezialität gilt. Hier treffen sich Elsässer, die wichtigen Anlässen
eine festliche Note verleihen
wollen, ebenso wie Touristen.
Im Sommer genießt man auf
der Terrasse den Blick auf das
Münster. 16, pl. de la Cathédrale; Tel. 88 32 42 14; tgl.
geöffnet ★★ ■ E 11, S. 113

hen ausgesuchte Regionalgerichte
mit Entenleber, Zwiebelsuppe, Fisch-
oder Fleischgerichte.
25, rue du Fossé-des-Tanneurs;
Tel. 03 88 32 87 90; So und Mo geschl.
★ EURO VISA

A la Tête de Lard M ■ C 10, S. 112
Umgeben von der rustikalen Einrichtung lässt man sich Regionalgerichte
wie Sauerkraut schmecken. Im unteren »caveau« kann man einen ausgezeichneten Flammekuchen bestellen.
3, rue Hannong; Tel. 03 88 32 13 56;
Sa Mittag und So geschl. ★ AmEx DINERS
EURO VISA

La Vieille Enseigne M M
■ E 11, S. 113
Hinter dem »alten Aushängeschild«
verbirgt sich mittlerweile eine ausgesuchte Spezialitätenküche mit gebratenem Steinbutt, gegrillten Wachteln
oder Bananen im Blätterteig.
9, rue des Tonneliers; Tel. 03 88 32 58 50;
So geschl. ★★★ AmEx DINERS EURO VISA

La Vieille Tour M ■ B 11, S. 112
Neu und frisch daherkommende, ab-
wechslungsreicher Küche im »Alten
Turm«.
1, rue Seyboth; Tel. 03 88 32 54 30;
So und Mo geschl. ★★ EURO VISA

Zum Ysehuet ■ C 8, S. 110
Dieses traditionelle Restaurant mit
feiner Küche liegt etwas versteckt.
Der Innenraum ist geschmackvoll
eingerichtet, Weinlaub rankt sich um
die Mauern.
21, quai Mullenheim; Tel. 03 88 35 68 62;
So geschl. ★★★ AmEx DINERS EURO VISA

Zimmer Sengel M ■ E 10, S. 113
In diese Feinschmeckerstube kom-
men hauptsächlich Straßburger, da
das Lokal ein wenig versteckt liegt.
Lassen Sie sich von Zander auf
Sauerkrautbett.
8, rue du Temple-Neuf; Tel. 03 88 32 35 01;
So geschl. ★★★ AmEx DINERS EURO VISA

Oben: Feine Nouvelle Cuisine kann man in der Straßburger Gastronomie genauso finden wie deftige regionale Küche.

Mitte: Emile Jung serviert im »Au Crocodile« große klassische Küche (→ S. 24).

Unten: Für Feinschmecker ist das erlesene »Bürehiesel« im Parc de l'Orangerie eine Institution (→ S. 22).

Exotische Restaurants

La Case de l'Isle Bourbon ▣▣

■ C 10, S. 112

Die Spezialitäten der Insel La Réunion schmecken hier ausgezeichnet. Fisch, Rind- und Schweinefleisch sind zart, scharf oder süß-säuerlich gewürzt. Auch die exotischen Cocktails sind lecker.

34, Grand'Rue; Tel. 03 88 32 60 93; ★

`EURO` `VISA`

Le Dodo Gourmand ❦❦

■ F 19, S. 117

Dieser Familienbetrieb bietet scharf gewürzte Speisen der Insel Mauritius mit leckeren Gemüse- und Fleischtaschen, Fisch- und Reisgerichten. Der Einfluss ist indisch-chinesisch. Das Lokal ist einfach eingerichtet und liegt in einem bescheidenen Wohn- und Einkaufsviertel.

155, route du Polygone; Tel. 03 88 84 12 85; So und Mo geschl. ★ `AmEx` `EURO` `VISA`

Le Maharaja

■ E 11, S. 113

Indisches Restaurant mit schön-scharfen Spezialitäten, die man als Vorspeisen-Häppchen durchprobieren kann.

15, quai des Bâteliers; Tel. 03 88 37 31 10; Di und Mi Mittag sowie Mo geschl. ★★

`AmEx` `DINERS` `EURO` `VISA`

Cafés

Café Brant

■ B 14, S. 114

An den Kantinentischen dieses etwas kahlen Saales treffen sich Studenten und Zeitungsleser. Der frisch gepresste Orangensaft und der ausgezeichnete Kaffee werden im Sommer auf der Terrasse serviert.

Pl. de l'Université; So geschl.; Bus 10, 23

La Brioches Dorée

■ D 10, S. 113

Im »goldbraunen Teilchen« bedient man sich an der Theke. Geboten wird Appetitliches vom Croissant bis zum kleinen Mittagssnack und ein Stück Schokolade gratis zum Kaffee.

Ecke rue des Grandes Arcades/pl. Kléber Einkaufszentrum Les Halles; tgl. geöffnet

Broglie

■ E 10, S. 113

Ein nettes, geräumiges Café im Jugendstil mit einer weitläufigen Terrasse, Treffpunkt junger Berufstätiger. Mittags kleine Mahlzeiten.

Ecke pl. Broglie/rue du Dôme; tgl. 7–24 Uhr, So geschl.

Christian ❦❦

■ E 11, S. 113

Die Auswahl an feinen Kuchen, Gebäck und Schokolade ist groß, wobei sich der Bäckermeister immer noch etwas Neues einfallen lässt. Die Croissants sind delikat.

18, rue Mercière; So geschl.

Café Montmartre

■ E 11, S. 113

In diesem Café unter den Arkaden an der Rabenbrücke sitzen hauptsächlich Jugendliche und Studenten, die bei Kaffee und Croissants die Passanten beobachten.

1, pl. de la Grande-Boucherie; Mo geschl.

Opera Café

■ F 10, S. 113

Das Operncafé mit seiner Jugendstil-Einrichtung hat sich schnell zum Treffpunkt der intellektuellen Szene entwickelt. Man kommt zu einem Kaffee nach dem Einkaufsbummel ebenso gern wie zu einem abendlichen Drink.

Pl. Broglie (im Theater); tgl. 11–1.30 Uhr, Mo geschl.

Pâtisserie Winter

■ C 10, S. 112

Diese Konditorei, die auch kleine Mittagsmahlzeiten anbietet, ist ein idealer Treffpunkt nach dem Einkaufsbummel und für Geschäftsleute während der Mittagspause. Ein Besuch lohnt sich allein wegen der traditionell elsässischen Inneneinrichtung.

25, rue du 22-Novembre; So geschl.

Le Roi et son Fou

■ E 11, S. 113

In diesem Cafe/Brasserie trifft man sich samstags gern nach einem Gang

ber den Flohmarkt. Das Lokal mit
riser Flair wird von Individualisten
bevorzugt, ist jedoch auch beliebt
bei der Lokalprominenz aus Medien
und Politik. Es liegt etwas versteckt
in der Nähe des Münsters.
7, rue du Vieil-Hôpital; Di geschl.

isdielen

ream Parfait ■ C 11, S. 112
Angeboten werden traditionelle und
exotische Geschmacksrichtungen,
von Erdbeer und Vanille bis hin zu
Joghurt- und Zimteis. Man sitzt in
der Fußgängerzone fern vom Auto-
lärm.
1, rue des Dentelles; tgl. von 12–23 Uhr
(Sommer)

Le Glacier Franchi ■ D 11, S. 113
Man hat die Wahl zwischen 70 Geschmacksrichtungen, die zu Eiscock-
tails von beeindruckendem Umfang
aufgetürmt werden. Auch der **express** schmeckt gut und stark.
5, rue des Francs-Bourgeois; tgl. 9–23 Uhr
(Sommer)

Weinstuben

Le Clou M ■ E 11, S. 113
Eine noble Weinstube, die mit ihrer
geschnitzten Holzverkleidung und
rustikalen Inneneinrichtung neben
dem Gaumen auch dem Auge etwas
bietet.
3, rue du Chaudron; Tel. 03 88 32 11 67;
So geschl. ★★ AmEx EURO VISA

Au Coin des Pucelles M
■ F 10, S. 113
Eine nicht sehr große, aber traditi-
onsreiche Weinstube, in der sich
Künstler und Theaterleute gern
sehen lassen. Unglaublich, was die
winzige Küche alles hervorbringt.
12, rue des Pucelles; Tel. 03 88 35 35 14;
So und Mo geschl. ★★ EURO VISA

S'Muensterstuewel 👫
■ E 11, S. 113
In dieser netten kleinen Weinstube
stehen traditionelle Regionalgerichte
auf der Speisekarte.
8, pl. du Marché-aux-Cochons-de-Lait;
Tel. 03 88 32 17 63; So und Mo geschl.
★ AmEx EURO VISA

Au Pichet d'Or ■ C 9, S. 112
Man kommt hierher, um die un-
vergleichlichen Bratkartoffeln mit
Speck zu genießen, die zu den
traditionellen elsässischen Regional-
gerichten gereicht werden.
12, rue de Sébastopol (beim Einkaufszentrum Centre Halles); Tel. 03 88 22 02 87;
So geschl. ★ AmEx EURO VISA

Le Pont Corbeau ■ E 12, S. 113
Allein die Einrichtung mit kunstvoll
holzgetäfelten Wänden ist einen
Besuch wert. Die regionalen Spezialitäten wie Kartoffelpuffer (**Grumm-
beerekichle**) und andere deftige
Hausmannskost sind geschmacklich
verfeinert, und das Angebot an passenden Weinen zeugt von großem
Sachverstand.
21, quai Saint-Nicolas; Tel. 03 88 35 60 68;
Sa geschl. ★ AmEx EURO VISA

Le Saint-Sépulcre ■ E 11, S. 113
Das berühmte »Hailich Graab« kennen die Straßburger genauso gut wie
deutsche Besucher. Zu den Spezialitäten dieser Weinstube gehören
Schnecken und Schinken im Teig.
15, rue des Orfèvres; Tel. 03 88 32 39 97;
So und Mo geschl. ★ EURO VISA

Chez Yvonne ■ E 10, S. 113
Das »Burjerstuewel« ist eine Institution. Die Chefin kennt die meisten
ihrer Stammgäste persönlich. Freie
Tische sind selten, doch die Warte-
zeit lässt sich bei einem Glas Wein
überbrücken.
10, rue du Sanglier; Tel. 03 88 32 84 15;
So und Mo Mittag geschl. ★★ EURO VISA

Wichtige Redewendungen
→ S. 107

A

agneau: Lamm
aiguillettes: schmale Fleischstreifen
ail: Knoblauch
alsacienne (à l'): nach Elsässer Art
asperges: Spargel

B

baeckeoffe: Eintopfgericht
béarnaise: Buttersauce mit Eigelb, Kräutern, Essig oder Weißwein
bibeleskäs: gewürzter Quark
bière pression: Bier vom Fass
blanquette: Ragout
blette: Mangold

C

café au lait: Kaffee mit Milch
– crème: Kaffee mit Rahm
– décaféiné (décaf): koffeinfrei
– express: Espresso
– glacé: Eiskaffee
canard: Ente
carpe: Karpfen
cassoulet: Eintopf mit Bohnen
charcuterie: Fleischwaren
chausson: Blätterteigtörtchen
chocolat chaud: heiße Schokolade
confit: Eingelegtes (meist Ente oder Gans)
confiture: Marmelade
coq au vin: Huhn in Wein
coquillages: Muscheln
crème chantilly: Schlagsahne
crudités: Rohkostsalate

D

daube: Schmortopf
demi litre: halber Liter
dinde: Pute

E

eau: Wasser
– gazeuse: Wasser mit Kohlensäure
– minérale: Mineralwasser
– de vie: klarer Schnaps
églantine: Hagebutte, auch ein beliebter Schnaps

F

farci: gefüllt
fermier: vom Bauernhof
feuilleté: in Blätterteig
ficelle: dünne, lange Wurst aus Schweinefleisch
filet de porc fumé: Kasseler
flammekueche: eine Art Pizza mit Quark, Speck und Zwiebeln
foie gras: Gänseleber
frais: frisch
fromage (blanc): Käse (Quark)
fruits: Obst
– de mer: Meeresfrüchte
fumé: geräuchert

G

gâteau: Kuchen
gibier: Wild
glaçons: Eiswürfel
grillé: gebraten, gegrillt

H

hachis (parmentier): Haschee
herbes: Kräuter
homard: Hummer
hors-d'œuvre: kalte Vorspeise
huile: Öl
huîtres: Austern

I

infusion de camomille: Kamillentee
– de menthe: Pfefferminztee

J

jambon de Paris: gekochter Schinken
jus de pomme: Apfelsaft
– d'orange: Orangensaft
– de raisin: Traubensaft

K

kir royal: Champagner mit Cassis
knack: Straßburger Knackwurst
knepfle: in Wasser pochierte Kartoffelknödel
kougelhopf: Hefenapfkuchen mit Rosinen oder Mandel

épinards: Spinat
escalope: Schnitzel

t: Milch
tue: Kopfsalat
rd: Speck
gumes: Beilagen, Gemüse
werknepfle: Kalbs- oder Schweins-
  leberknödel

ariné: mariniert
arrons glacés: glasierte Maronen
atelote: Fischgericht
eunière (à la): Müllerin-Art
iel: Honig
ilchstriwlas: Milchspätzle
ousse: schaumige Crème
outarde: Senf
unster: Münsterkäse

avarin: Hammelragout mit Rüben
ouilles: Nudeln

O

œuf: Ei
– à la coque: weiches Ei
– brouillés: Rühreier
– dur: hartes Ei
– pochés: verlorene Eier
– sur le plat: Spiegeleier
ofekiechlas: Elsässer Vanilleplätzchen
oiseau sans tête: Roulade

P

pain: Brot
panaché: Bier mit Limonade
pâtes: Teigwaren
pâtisserie: Kuchenbäckerei, Gebäck
petite salé: gekochtes Schweinefleisch
plat du jour: Tagesgericht
poires: Birnen
poisson: Fisch
poivre (vert): (grüner) Pfeffer
pommes: Äpfel
– de terre: Kartoffeln
porc: Schweinefleisch
potage: Suppe
pot au feu: gekochtes Rindfleisch
  in Gemüsebrühe
poulet: Hühnchen

presskopf: Schweinskopfsülze
profiterolles: Windbeutel mit
  Schokoladensauce
prunelle: Schlehe, eine Elsässer
  Schnapsspezialität

R

râble de lièvre: Hasenrücken
rillettes: Pastete aus gehacktem,
  gebratenem Schweinefleisch
riz: Reis

S

sanglier: Wildschwein
saucisse: Würstchen
saucisse de Strabourg: »Knack«,
  auch »Strosburjer Knackwurscht«
  genannt
sauté: geschmort
sel: Salz
sucre: Zucker

T

thé au citron: Tee mit Zitrone
– au lait: Tee mit Milch
– nature: schwarzer Tee
tisane: Kräutertee
truite: Forelle

V

veau: Kalb
velouté: Cremesuppe
verre: Glas
vin blanc: Weißwein
– doux: süßer Wein
– en fût: Fasswein
– léger: leichter Wein
– maison: Hauswein
– nouveau: junger Wein
– rosé: Roséwein
– rouge: Rotwein
– sec: trockener Wein
vinaigre: Essig
volaille: Geflügel

W

wädele: Schweinshaxe, mit Kartoffel-
  salat und Meerrettich serviert
Wässerstriwela: Eierteig, erst
  pochiert, dann mit Butter in der
  Pfanne gebraten

Museen und Weinstuben, Diskotheken und Attraktionen für Familien: Straßburg und seine Umgebung bieten für jeden Besuchergeschmack etwas.

Die typischen Fachwerkhäuser findet man vor allem im malerischen Gewerbeviertel, auch La Petite France genannt (→ S. 40).

Im historischen Stadtkern von Straßburg hat fast jedes Gebäude eine eigene Geschichte. Aber auch am modernen Stadtrand gibt es viel zu entdecken.

traßburg ist historisch gewachsen. Am ältesten ist der Stadtkern mit dem ehrwürdigen Münster in der Mitte. Je weiter Sie sich aber vom Zentrum entfernen, desto moderner werden die Gebäude bis hin zu den europäischen Institutionen am nordöstlichen Stadtrand. Zum Straßburger Leben der Gegenwart gehören deshalb neben den historischen Bauwerken auch der Hafen, die Brauereien und das Fernsehhaus.

In Straßburgs Stadtkern ist fast jedes Haus ein Denkmal mit verspielter Architektur, Fassaden-Aufsätzen oder reichen Verzierungen. Und auch die meisten Straßennamen erzählen in Straßburg ein Stück Geschichte. Sie erinnern an historische Persönlichkeiten, mittelalterliche Berufsstände oder architektonische Besonderheiten. Obwohl die historische Bausubstanz Straßburgs relativ gut erhalten ist, beklagen Denkmalschützer den Abriss erhaltenswerter Gebäude durch die profitorientierte Bauwirtschaft, die viele alte Häuser willkürlich durch Büro- und Wohnblocks ersetzte. Die größten Summen des Amtes für Denkmalschutz verschlingen die ständigen Restaurierungsarbeiten des Münsters. Doch auch im historischen Stadtkern um die Kathedrale herum und in der Altstadt La Petite France hat man den Fassaden mit frischem Putz neuen Glanz verliehen. Das Zentrum ist tagsüber wie abends lebendiger Mittelpunkt des Stadtgeschehens. Dort, wo früher Autoschlangen den Kleber-Platz in ihrem Würgegriff hielten, laden heute die Fußgängerzonen zum abgasfreien Bummel ein. Das Stadtbild hat auch durch die Straßenbahn

Das Straßburger Münster ist ein Schmuckstück der Baukunst aus drei Jahrhunderten (→ S. 36).

gewonnen, die wegen ihrer neuen Technologie über die Landesgrenzen hinaus berühmt geworden ist. Auf den Terrassen um das Münster herum hört man im bunten Durcheinander Sprachen aus Europa, Amerika und Asien. Sobald man sich vom Zentrum entfernt, entdeckt man das Straßburg der Einheimischen und Zugereisten. Der europäische Stadtrand ist wiederum Ziel zahlloser Reisegruppen aus allen Mitgliedsländern der Europäischen Union, was ihn zu einer Sehenswürdigkeit eigener Art macht.

Ancienne Douane ■ E 11, S. 113
Das mächtige »Alte Kaufhüs« an der Rabenbrücke ist heute ein beliebtes Restaurant und war im Mittelalter Lagerstätte für die steuerpflichtigen Waren. Das Gebäude wurde 1358 erbaut und war bis ins 18. Jh. das Handelszentrum der Stadt. Bei den Bombenangriffen von 1944 wurde das ehemalige Zollhaus stark beschädigt, um 1956 dann im alten Stil wieder aufgebaut zu werden. Auf der hölzernen Terrasse hat man beim Essen einen schönen Blick über die Ill und auf den gegenüberliegenden Quai Saint-Nicolas.
6, rue de la Douane

Aquädukt ■ E 9, S. 113
Das Denkmal zur 2000-Jahr-Feier der Stadt Straßburg wurde im Jubeljahr 1988 eingeweiht. Der Entwurf des Aquäduktes mit dem doppelgesichtigen Januskopf im Brunnenbecken stammt von dem bekannten Straßburger Karikaturisten Tomi Ungerer. Das 5 m hohe und 6 m breite Sinnbild der »Geburt der Zivilisation« wurde aus 5000 handgemachten Ziegeln gemauert. Den 1,5 m hohen bronzenen Januskopf, Symbol der elsässischen Geschichte zwischen Deutschland und Frankreich, hat der Bildhauer Denis Roth geschaffen.
Ecke pl. Broglie, quai Schoepflin

Arp-Skulpturen ■ D 16, S. 115

An der Avenue du Général de Gaulle, im modernen Universitäts- und Wohnviertel Esplanade, stehen seit 1965 drei Stein- und Bronze-Skulpturen des 1887 in Straßburg geborenen Malers und Bildhauers **Jean Hans Arp**, der die Dada-Bewegung mitbegründete. Sein Geburtshaus (Nr. 52, rue du Vieux-Marché-aux-Poissons) ist mit einer Tafel gekennzeichnet.
Bus 20, 30

Brasserie Kronenbourg

nordwestlich ■ A 9, S. 112
Knapp 730 Angestellte arbeiten in dieser Brauerei, die zu einer der größten Europas zählt und die Nummer eins in Frankreich ist. Kronenbourg produziert pro Jahr 9,5 Millionen Hektoliter Bier. Die Besucher werden durch die historischen Kellergewölbe geführt, wo die alten Bierbottiche aus Eichenholz aufgestellt sind. Anschließend stehen die modernen Anlagen auf dem Programm. Die Kostprobe bildet den Höhepunkt zum Abschluss.
Route d'Oberhausbergen-Cronenbourg; Tram 1; Führungen (auch auf Deutsch) Mo–Fr 9–17 Uhr nach Vereinbarung unter Tel. 03 88 27 41 59. Oder Sie erkundigen sich bei der Straßburger Touristeninformation nach Führungen; Eintritt frei

Château de Pourtalès

nordöstlich ■ F 5, S. 111
Das in einem weitläufigen Park gelegene Schloss gehört seit 1974 dem Schiller-Collège, einer internationalen Hotelfachschule für ausländische Studenten. Im 19. Jh. waren die Räumlichkeiten Treffpunkt der geistig-kulturellen Elite, die von der Gräfin Mélanie de Pourtalès zum Tee gebeten wurde. Eine Teestube mit einer großen Terrasse und ein Feinschmecker-Restaurant werden im Sommer vor allem von Einheimischen sehr gut besucht.

161, rue Mélanie; Strasbourg-Robertsau; Bus 15, 23

La Cathédrale Notre-Dame (Münster) ■ E 11, S. 11

Das Münster zu Recht weltberühmt. Gerühmt werden die Hauptfassade mit den **Portalstatuen**, der **Fensterrose** (15 m Durchmesser) und dem 142 m hohen Turm, der bis zum 19. Jh. höchster Kirchturm Europas war. Im Inneren können Sie die **Astronomische Uhr**, den **Engelspfeiler**, die **Kanzel** und die **Silbermann-Orgel** bewundern. Der Sakralbau, 1015 von Bischof Wernher von Habsburg als romanische Kirche begonnen, umfasst gotische (1235–75) und hochgotische (1276–1330) Elemente. Hauptbaumeister ab 1284 war Erwin von Steinbach. Seit dem Mittelalter kümmert sich die Œuvre Notre-Dame, die Münsterbauhütte, um die laufenden Restaurierungsarbeiten, was sie zur ältesten und einzigen Institution des Kathedralbaus in Frankreich macht. Erstmals seit Kriegsende ist die Hauptfassade nun ohne verdeckte Gerüste zu sehen. Ebenfalls fertig gestellt ist ein neuer Aufsatz für die Aussichtsplattform, der nach den Bomben von 1944 ein Provisorium aus Dachpappe aufgesetzt wurde. Gelitten hat das Bauwerk durch Blitzschlag, Brände und Bomben, doch die größte Gefahr kam mit der Französischen Revolution, als 1793 gottesfeindliche Fanatiker in wenigen Tagen über 200 Skulpturen zerschlugen und sogar den Turm niederreißen wollten. Der clevere Stadtschlosser Sultzer konnte jedoch das Unheil mit einem witzigen Einfall abwenden. Er schlug vor, dem Münsterturm eine riesige Jakobinermütze aus Blech überzustülpen, um jenseits des Rheins den Feinden der Republik beim Anblick dieses Symbols der Freiheit das Zittern zu lehren. Vor 80 Jahren lauerte die Gefahr im Untergrund. Durch die Rheinkanalisati-

im 19. Jh. sank der Grundwasser-
iegel, so dass die im feuchten Bo-
en versenkten Eichenpfähle, die das
nnenschwere Fundament stützten,
chimmel ansetzten. 1907 bemerkte
an alarmierende Risse in den Spitz-
ögen unter dem Turm. In einer für
e damalige Zeit bemerkenswerten
ettungsaktion spritzte der Architekt

Johann Knauth eine Betonfüllung unter die tragenden Pfeiler.

Trotz seines Alters gibt das Münster heute noch Rätsel auf. 1984 be-
schrieb der Straßburger Ingenieur
Maurice Rosart erstmals das Phänomen des »grünen Strahls«. Im Frühjahr und im Herbst, wenn Tag und
Nacht die gleiche Länge haben, wan-

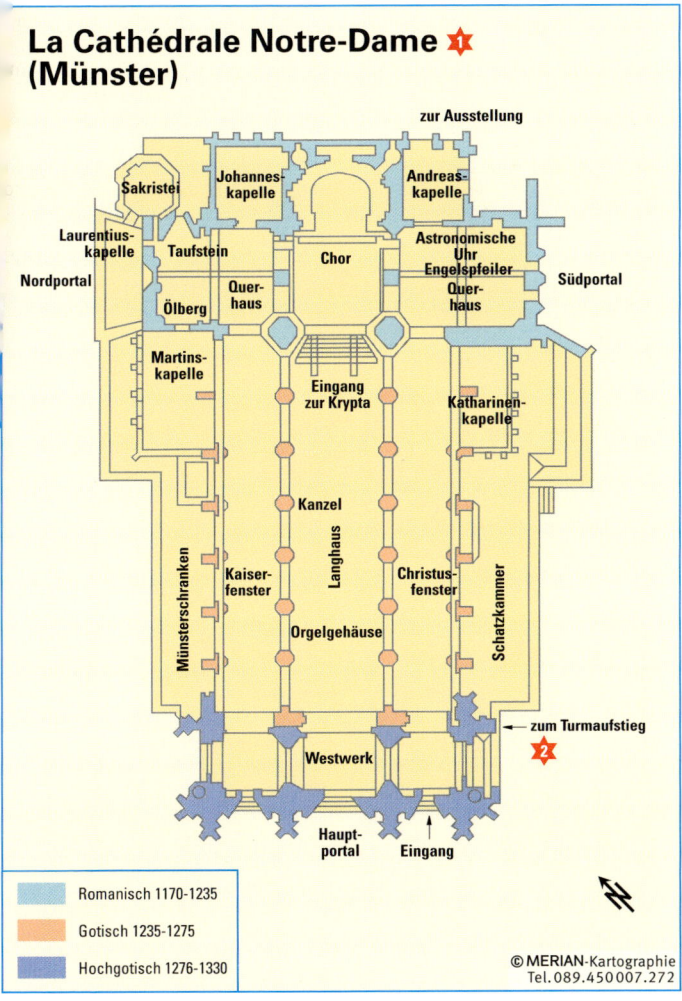

La Cathédrale Notre-Dame ❶ (Münster)

zur Ausstellung

Sakristei · Johanneskapelle · Andreaskapelle · Laurentiuskapelle · Taufstein · Chor · Astronomische Uhr Engelspfeiler · Südportal · Nordportal · Querhaus · Querhaus · Ölberg · Martinskapelle · Eingang zur Krypta · Katharinenkapelle · Kanzel · Münsterschranken · Langhaus · Kaiserfenster · Christusfenster · Schatzkammer · Orgelgehäuse · zum Turmaufstieg ❷ · Westwerk · Hauptportal · Eingang

Romanisch 1170–1235
Gotisch 1235–1275
Hochgotisch 1276–1330

©MERIAN-Kartographie
Tel.089.450007.272

dert ein mysteriöser grüner Strahl durch ein Glasfenster des südlichen Seitenschiffs bis zum Christuskopf des Kruzifixes an der Kanzel. Gefärbt wird der Strahl durch den grünen Schuh des Jakobsohnes Juda, der in dem betreffenden Glasfenster verewigt ist. Das Phänomen ist jeweils sieben Tage lang am Frühlings- und Herbstanfang etwa 20 Minuten lang zu beobachten, wenn die Sonne scheint. Zu Frühjahrsanfang ab 11.38 Uhr, zu Herbstanfang ab 12.24 Uhr. Ungeklärt ist auch, warum der zweite Turm die Münsters niemals gebaut wurde. Ulrich von Ensingen, der Baumeister des Ulmer Münsters, hatte im 14. Jh. Pläne für einen zweiten Turm, doch wurden sie nicht verwirklicht.

Den 142 m hohen **Münsterturm** (→ S. 43) besteigt man über 332 Stufen bis zur Plattform, die sich auf 66 m Höhe befindet. Der Blick reicht weit über die Rheinebene, westlich und nördlich bis zu den Vogesen, östlich bis zum Schwarzwald und südlich bis zum Kaiserstuhl und Jura. Einzigartig ist die Gesamtansicht über das spitzgiebelige Dächergewirr der Altstadt. Die unzähligen Dachluken dienten ehemals als Vorratskammern, da aufgrund einer mittelalterlichen Verordnung jedes Haus für den Kriegsfall Lebensmittel für ein Jahr einlagern musste. Der neben der Plattform aufragende, 142 m hohe Nordturm ist nicht zugänglich. Die Turmspitze wird bis etwa 2003 restauriert. Frost, Wasser und Luftverschmutzung haben den Sandstein bröckelig werden lassen. Das Geläut der **Münsterglocken** im Turm (um 22 Uhr) erinnert noch heute an historische Zwangsmaßnahmen: Von 1388 bis ins 18. Jh. hinein mussten die Juden beim Schlag der »Judenglocke« die Stadt verlassen. Mit dieser Maßnahme wollten die Stadtväter das Anwachsen einer jüdischen Gemeinde innerhalb der Stadt-

mauern verhindern. 1349 hatte die Schwarze Pest eine Welle des Antisemitismus ausgelöst. Man beschuldigte die Juden, die Brunnen vergiftet zu haben. Höhepunkt der Verfolgung war der 14. Februar 1349, als 2000 Juden verbrannt wurden.

Führungen durch das Münster im Sommer (Juli, Aug.) Mo–Fr 10.30, 14.30 und 15.30 Uhr; Sa 10.15 und 14.30 Uhr; So 10.15 Uhr, Dauer: etwa 1 Std.; Turmbesteigung: tgl. 9–16.30 Uhr, März und Okt. bis 17.30 Uhr, April, Mai, Juni und Sept. bis 18.30 Uhr, Juli und Aug. bis 19 Uhr; Eintritt 3,10 € (Kasse am Südeingang)

Die **Astronomische Uhr** (Horloge Astronomique) des Münsters gab es bereits im Mittelalter. Ihr Schöpfer, so sagt die Legende, wurde nach Vollendung dieses unglaublichen Mechanismus geblendet, um das Geheimnis zu wahren. Das Uhrwerk wird jede Woche aufgezogen und geht sehr genau. Weil es nach dem Straßburger Meridian geregelt ist, schlägt die Mittagsstunde um 12.30 Uhr. Außerdem werden mehrere astronomische Zeiten angezeigt. Der Mechanismus setzt ein ungeheures Räderwerk und viele Figuren in Bewegung. Die Apostel ziehen an Christus vorüber, und beim Durchgang des vierten, achten und zwölften Apostels kräht ganz oben der Hahn – etwas piepsig, aber immerhin. Das Gehäuse stammt aus dem 16. Jh. Jean-Baptiste Schwilgué (1776–1865) hat die Mechanik später erneuert.

Tgl. 12.30 Uhr, Eintritt 0,90 €

Der **Engelspfeiler** (Pilier des Anges) vor der Uhr heißt auch Weltgerichtspfeiler und stützt das Gewölbe des südlichen Querschiffes. Er entstand zwischen 1220 und 1230, und seine Skulpturen gehören zu den Meisterwerken der Bildhauerei des 13. Jh. Thema sind das Weltgericht und der Jüngste Tag.

Die **Kanzel** ist ein Prunkstück spätgotischer Steinmetzkunst und wurde

on Johannes Hammer 1486 für den
eimütigen Prediger Geiler von Kay-
ersberg (1510) geschaffen.
   Die **Orgel** wurde von Andreas Sil-
ermann 1716 angefertigt. Sie hat 40
Register und 2602 Pfeifen. Das 20 m
ohe, geschnitzte und vergoldete
Gehäuse stammt von 1489.
   Das Ton- und Lichtschauspiel im
Münster erzählt in eindringlichen
Worten die wechselvolle Geschichte
der Kathedrale.

Conseil de l'Europe (Europarat)
■ E 7, S. 111
Die älteste und größte Staatenorganisation Europas (1949 gegründet)
hat ihren Sitz in dem wuchtigen, qua-
dratischen Bau am nordöstlichen
Stadtrand. Das Palais de l'Europe
wurde 1972 bis 1977 von dem Architekten Henry Bernard für 50 Millionen Euro erbaut. Beeindruckend wir-
ken die 38 m hohen Schrägwände
aus Aluminium und Glas auf einem
Fundament aus rotem Vogesensand-
stein. Der Runderker rechts vom
Haupteingang ist der Sitzungssaal
der Außenminister der Staatenorganisation. Über 1200 Beamte aus 43
Mitgliedsländern sind hier tätig. Zu
ihren wichtigsten Aufgaben gehören
der Schutz der Menschenrechte, die
Ausarbeitung europäischer Konven-
tionen, Sozial- und Kulturpolitik. Zu
den ursprünglichen Mitgliedsländern
sind seit 1990 viele osteuropäische
Länder hinzugekommen. Vier Wochen im Jahr (Januar, April, Juni, Sep-
tember) tagt in dem halbrunden Plenarsaal die Parlamentarische Versammlung, die aus den Abgeordneten der Mitgliedsländer zusammen-
gesetzt ist. Im Gegensatz zu der mo-
numentalen Architektur hat der Europarat ein geringes politisches Ge-
wicht, weil die Versammlung nur Em-
pfehlungen aussprechen und keine
bindenden Beschlüsse fassen kann.
Gruppenführungen mit Vorträgen über den
Europarat in Französisch, Englisch oder

Deutsch Mo–Fr 9–12, 14.30–17 Uhr; zum
Besuch einer Sitzung der Parlamentari-
schen Versammlung wenden Sie sich
vorher an: **Service de Visites du Conseil de l'Europe**; Tel. 03 90 21 29 40
(Einzelreservierung); **Palais de l'Europe**,
Av. de l'Europe; Bus 23

Cour Européenne des Droits de l'Homme (Europäischer Gerichtshof für Menschenrechte)
■ F 7, S. 111
Das lang gestreckte Gebäude des Ge-
richtshofes für Menschenrechte mit
32 000 qm Bürofläche ist an zwei
glänzenden Zylindern aus Edelstahl
am Kopfende leicht zu erkennen. Der
Entwurf stammt von dem britischen
Architekten Richard Rogers, und die
Baukosten lagen bei 65 Millionen
Euro. Das bemalte Betonsegment der
Berliner Mauer vor dem Hauptein-
gang wurde bei der offiziellen Ein-
weihung im Juni 1995 aufgestellt.
Hier wachen Rechtsexperten aus den
Europaratsländern über die Einhal-
tung der Grundrechte in Europa. Jeder Bürger hat die Möglichkeit, eine
Beschwerde gegen den Staat einzu-
legen, wenn er seine Grundrechte
verletzt glaubt. Allerdings müssen
vorher alle Instanzen des nationalen
Rechtswegs ausgeschöpft sein.
Rue Boecklin; Bus 23

Cour du Corbeau
■ E 12, S. 113
Der Rabenhof unweit der Rabenbrücke wirkt von außen unscheinbar,
den Innenhof umrahmen jedoch
schöne Fachwerkhäuser mit offenen
Galerien. Von 1528 bis 1854 gehörte
er zu dem Gasthof »Zum Raben«.
Eine Tafel erinnert an die berühmten
Gäste. 1740 kam Friedrich der Große
inkognito als Graf Dufour hierher und
1777 Joseph II. von Österreich unter
dem Namen Graf Falkenstein.
1, pl. du Corbeau; Bus 10

Drehbrücke ■ C 11, S. 112
Der Fußgängersteg über den Ill-Kanal
wurde 1880 anstelle einer Hebe-
brücke aus Holz gebaut. Während sie
früher mit einer Kurbel in Fließrichtung gedreht werden musste, genügt
heute ein Knopfdruck, um die Touris-
tenboote passieren zu lassen.
Rue des Moulins, Ecke rue du Bain-aux-
Plantes, La Petite France

Goethe-Denkmal ■ B 14, S. 114
Vor dem Hintergrund der Alten Uni-
versität steht das Goethe-Denkmal
aus dem Jahr 1904. Das Werk des
Bildhauers Waegener erinnert an
Goethes Aufenthalt 1770 bis 1771,
als der 21-Jährige in Straßburg
Rechtswissenschaft studierte. Er
bewohnte das Haus Nr. 36, Rue du
Vieux-Marché-aux-Poissons, wo ein
Bronzemedaillon angebracht wurde.
Bus 10, 23

Gutenberg-Denkmal ■ E 11, S. 113
Der Mann, der die Buchdruckerkunst
nach Straßburg brachte und hier von
1439 bis 1444 lebte, steht in der Mitte des gleichnamigen Platzes unweit
des Münsters. David d'Angers hat die
Bronzestatue 1840 geschaffen. In
der Hand hält Gutenberg eine Seite
der Bibel mit der Inschrift »und es
ward Licht«.

Hôtel de Ville ■ E 10, S. 113
Das alte Rathaus an der Südseite der
Place Broglie wurde 1730 bis 1736
von Joseph Massol als »Hanauer
Hof« für den Grafen von Hanau-Lich-
tenberg gebaut, der im Elsass Lände-
reien besaß. Als Erbstück ging das
helle Sandsteingebäude an den
Landgrafen von Hessen-Darmstadt
über. Zum Rathaus wurde es ab
1805. Heute empfängt der Bürgermeister die offiziellen Gäste der
Stadt in den Prunkzimmern der
ersten Etage.
9, rue Brûlée (Hofeingang)

Kellermann-Denkmal ■ E 10, S. 11
1792 besiegte die französische Armee unter den Generalen Dumoriez
und Kellermann die Preußen bei der
Schlacht von Almy. Kellermann wurde am Rande der Place Broglie nebe
dem Offizierskasino ein Bronze-Denk
mal gesetzt. Er wurde 1735 in der
nahe gelegenen Rue Brûlée geboren

Kléber-Denkmal ■ D 10, S. 11
Dem Befehlshaber der ägyptischen
Armee hat Philippe Grass 1840 in de
Mitte des gleichnamigen Platzes ein
Bronze-Denkmal gesetzt. Der in
Straßburg geborene General wurde
von einem ägyptischen Nationalisten
1800 in Kairo ermordet. Die Statue,
die die Nationalsozialisten 1940 ab-
montierten, wurde 1945 wieder an
ihren angestammten Platz gesetzt.

Krutenau ■ A 15, S. 114
Dieses Stadtviertel, dessen Name
sich von Kräuterau ableitet, war
früher das Reich der Fischer, Soldaten und Kleingärtner. Heute haben
Bürobauten die altertümliche Harmo-
nie der kleinen Häuser zersetzt, so
dass Touristen selten durch die
Straßen des Viertels flanieren.
Allerdings findet man einige sehr
gute Restaurants, Jazzkneipen und
Diskotheken, die hauptsächlich von
Straßburgern und Kennern der
Szene frequentiert werden. Ein Besuch der Krutenau ist durchaus lohnend. Wer sich tagsüber schon mal
umgetan hat, findet sich dann im
Straßburger Nachtleben umso
besser zurecht. An der Place du Pont-
aux-Chats steht der Züricher Brunnen, und an der Rue de la Krutenau
liegt die Tabakmanufaktur.

La Petite France 👫 ■ C 11, S. 112
Das ehemalige Handwerkerviertel
mit Gerbereien und Färbereien ist
das Schönste, was die Straßburger Altstadt ihren Besuchern zu
bieten hat. Deshalb ist es ständig

8

Oben: Grabmal des Moritz von Sachsen in der Kirche Saint-Thomas (→ S. 46).

Mitte: Das Maison Kammerzell mit seiner aufwendig gestalteten und verzierten Fassade ist das wohl schönste Fachwerkhaus der Stadt (→ S. 42).

Unten: Bereits seit Mitte des 18. Jahrhunderts ist das prächtige Fachwerkhaus Maison des Tanneurs ein Gasthaus (→ S. 42).

von Touristen bevölkert. Früher war es übrigens ein recht anrüchiges, finsteres Quartier. Die zum Trocknen aufgehängten Felle und Häute der Gerber verbreiteten einen üblen Gestank, den feinere Leute mieden. Im Mittelalter sollen hier Diebe und andere Kriminelle untergeschlüpft sein, jedenfalls vermuteten die Bürger hier allerlei Zaubereien und dunkle Geschäfte – wozu auch die Prostitution gehörte. Heute ist davon nichts mehr zu merken. Seit dem 19. Jh. erfreut sich »Klein-Frankreich«, was La Petite France übersetzt heißt, großer Beliebtheit. Da das gesamte Viertel Fußgängerzone ist, sollte man sich die Spaziergänge durch die kleinen Gassen mit den Fachwerkhäusern, Cafés, Restaurants und Antiquitätengeschäften entlang der verschiedenen Ill-Arme auf keinen Fall entgehen lassen. Der Name des Viertels geht auf das Krankenhaus »Blatterhüs« zurück, in dem im 16. Jh. Soldaten behandelt wurden, die an Syphilis, dem so genannten »französischen« Übel«, erkrankt waren.

Die **Rue du Bain-aux-Plantes**, die Hauptstraße des Altstadtviertels La Petite France, war 1279 aus nicht überliefertem Grund als »Glanzhof« bekannt. Im 15. Jh. wurde daraus Pflanzhof, später Pflanzbad. Dieser Name bezog sich auf eine öffentliche Badestube (Nr. 22), in der Frauen mit wohltuenden Kräutern behandelt wurden.

Das auffälligste Haus direkt an der Ill ist das Gerberhaus, **Maison des Tanneurs**, in dem die Sauerkrautgerichte ausgezeichnet schmecken. Schräg gegenüber steht die ehemalige Taverne der Gerber, **Lohkäs**, aus dem Jahr 1651. Der Name des heutigen Restaurants erinnert an die Herstellung von Heizbriketts aus Eichenrinde, mit der man die Tierfelle gegerbt hatte. Die übrigen Gerberhäuser der Straße aus dem 16. und 17. Jh. wurden fast alle restauriert.

Bemerkenswert an der **Rue des Cheveux** ist ihr Name: Er geht auf die im 14. Jh. hier ansässige Familie Horgesser zurück. Aus Horgesser entwickelte sich 1580 Haargässelin, was in der französischen Übersetzung schließlich Haargasse ergab.

Außerhalb von La Petite France, im Finkwiller-Viertel, liegt die **Rue de la Question**. Im 13. Jh. stand hier als Teil der Befestigungsanlage der Märtyrerturm (Daumenturm). Üblich war die Folter mit der Daumenschraube, um von den Unglücklichen Antworten auf die gestellten Fragen (Frage = Question) zu erzwingen.

Leclerc-Obelisk ■ E 10, S. 113

Der 1951 von Saupiqué errichtete Obelisk auf der Place Broglie vor dem Stadttheater erinnert an General Leclerc, der Straßburg am 23. November 1944 befreite.

Maison Kammerzell ■ E 11, S. 113

Das alte Kaufmannshaus ist ein beliebtes Restaurant und ein Treffpunkt der Straßburger. Das steinerne Erdgeschoss stammt aus dem 15. Jh., der Fachwerkoberbau aus dem Jahre 1589. Benannt wurde es nach seinem Besitzer im 19. Jh. Man kann noch die Winde sehen, mit der die Waren auf den Dachboden gezogen wurden. 1891 bis 1892 wurde das Kammerzell'sche Haus vollständig restauriert. Die Fassade zum Münster hin ist unter den Fenstern der drei Stockwerke mit Darstellungen der Sternzeichen geschmückt. Die Innenräume des Restaurants sind mit Wandmalereien des Künstlers Léo Schnug (1878–1933) verziert. Auf der Terrasse haben Sie einen guten Überblick über den Trubel auf dem Münsterplatz.
Pl. de la Cathédrale; Mi geschl.

Maison des Tanneurs ■ C 11, S. 112

Die Ursprünge dieses wunderschönen Fachwerkhauses mit der Galerie-

ssade auf der Ill-Seite gehen auf
s Jahr 1572 zurück. Damals ver-
eiteten die Gerber, die ihre Tier-
lle bearbeiteten, strenge Gerüche.
eutzutage verströmt dieses gutbür-
erliche Restaurant den Duft seiner
errlichen Choucroute-Gerichte.

e, rue du Bain-aux-Plantes, La Petite France

Maison de la Télévision 👭
■ B 7, S. 110

Der staatliche Fernsehsender France
3 Alsace mit 200 Beschäftigten liegt
an der weitläufigen Place de Bordeaux. Im Foyer des Zentralbaus, der
zwischen 1953 und 1961 erbaut wurde, ist ein riesiges Mosaik mit Vögeln
und Blumen von Jean Lucat in die
Wand eingelassen. Die Regionalsen-
dungen werden teilweise auf Elsässisch ausgestrahlt.

Pl. de Bordeaux; Bus 6, 20;
nur Gruppenbesichtigungen;
Auskunft Tel. 03 88 35 56 80

Münsterviertel
■ E 10/F 10, D 11–F 11, S. 113

Das Altstadtviertel rings um das
Münster ist das Zentrum und die
wichtigste Einkaufsgegend der Stadt,
mit zahlreichen Fußgängerzonen. Das
Viertel erstreckt sich in dem Dreieck
zwischen der Place Broglie, der Place
Gutenberg und der Place Kléber.

Die **Place Broglie**, der ehemalige
Rossmarkt und Paradeplatz, wurde
nach dem Gouverneur Maréchal de
Broglie benannt. Zur Zeit des Weih-
nachtsmarktes im Dezember herrscht
hier Höchstbetrieb. An der nördlichen
Längsseite hat in dem klotzigen Bau
der Banque de France der junge Offizier Rouget de Lisle am 26. April
1792 erstmals die von ihm komponierte Marseillaise gesungen. Gegenüber liegt das **Alte Rathaus** im
Stil des 18. Jh. An der Frontseite
stadtauswärts steht das klassizisti-
sche **Théâtre Municipal**, das Stadttheater aus dem Jahr 1804. Die
wuchtige Säulenvorhalle mit den Sta-

tuen der sechs Musen wurde von
Landolin Ohnmacht im Jahre 1821
geschaffen.

Am Platz mit dem **Gutenberg-
Denkmal** liegt die **Handelskammer**,
der wichtigste Renaissancebau der
Stadt, den Hans Schoch 1582 als
Rathaus errichtete. Die Arkaden des
Erdgeschosses haben dorische, die
Pilaster des ersten Stocks ionische
und die des zweiten Stocks korinthi-
sche Kapitele. Vom Gutenbergplatz
hat man eine schöne Sicht auf die
Hauptfassade des **Münsters**.

Der Hauptplatz der Stadt mit dem
Kléber-Denkmal in der Mitte war
während der Französischen Revolution Standort der Guillotine. Er ist von
prächtigen Gründerzeitbauten umgeben. An der Nordseite steht die Au-
bette, die ehemalige Hauptwache, in
der sich heute ein Café und ein Restaurant befinden.

Die **Grand' Rue** ist die älteste
Durchgangsachse der Stadt und war
in der Römerzeit militärische Ver-
bindungsstraße von Tres Tabernae
(Saverne) bis zum Lager am Münster.
Sie hieß »strata superior« (Ober-
straße). Zu sehen sind hier viele
kleine Handwerkshäuser aus dem
18. Jh. Außerdem bieten orientali-
sche Geschäfte und Bäckereien ara-
bische Süßigkeiten und das typische
Fladenbrot an.

Die **Rue des Juifs**, eine enge
Straße hinter der Kathedrale mit vielen kleinen Geschäften, war das historische Zentrum des Judenviertels.
Ein Badehaus war in den Häusern Nr.
15/19 untergebracht. Nr. 30 beher-
bergte eine Synagoge mit einer
Schule. Erstmals schriftlich erwähnt
wurden die Juden 1146. Im 13. Jh.
stand die Gemeinde unter dem
Schutz des deutschen Kaisers, der
für dieses Privileg viel Geld verlang-
te. 1338 zahlten die Juden beispielsweise eine Steuer von 60 Mark jährlich an das »Heilige Römische Reich
Deutscher Nation«, zwölf Mark an

den Bischof und 500 Mark an die Stadt. Damals lebten in der Rue des Juifs hauptsächlich Händler und Handwerker. Die Gemeinde wuchs im 14. Jh. stark an, doch die Schwarze Pest ließ den latenten Antisemitismus wieder aufflammen. Am 14. Februar 1349 wurden 2000 Juden auf einem Scheiterhaufen verbrannt. Als 20 Jahre später jüdische Familien nach Straßburg zurückkehrten, verweigerte man ihnen das Wohnrecht. Bis ins 18. Jh. mussten die Juden nach der Arbeit die Stadt verlassen, wenn die Münsterglocken um 22 Uhr schlugen. Diese »Judenglocke« ist noch heute zu hören.

Der Name der **Rue du Sanglier**, Wildschweinstraße, beruht auf einem Übersetzungsfehler. Im 13. Jh. lebte hier Johann der Hauwart (Heuwärter), der für die Heueinfuhr zuständige Beamte der Stadt. Aus der Hauwartsgasse wurde Hauergasse, wobei man bei der französischen Übersetzung an Wildschweinhauer dachte.

Palais de la Musique et des Congrès ■ A 6/B 6, S. 110

Unweit der Place de Bordeaux befindet sich das Zentrum des reichen Straßburger Konzertlebens. Im Dezember 1989 kamen hier auch die zwölf Staats- und Regierungschefs der Europäischen Gemeinschaft zu ihrem Gipfeltreffen zusammen. International bekannte Solisten loben die Akustik des Musiksaales (Salle Erasme) mit 2000 Plätzen. Das Palais ist auch Verwaltungssitz des regionalen Fremdenverkehrsamtes (Office du Tourisme de Strasbourg). Links vor dem Haupteingang steht seit 1981 eine stromlinienförmige Skulptur von Henry Moore.

Av. Schutzenberge; Besichtigung auf Anfrage; Tel. 03 88 37 67 67; Bus 6

Palais des Rohan
■ E 11/F 11, S. 113

Das ehemalige Schloss der Fürst-

bischöfe von Straßburg an der Südseite des Münsters ist nach der Kathedrale wichtigste Station für Kunstinteressierte und wirklich sehr sehenswert. Joseph Massol hat nach Entwürfen von Robert de Cotte diesen klassizistischen Dreiflügelbau 1730 bis 1742 für den Fürstbischof Armand-Gaston de Rohan-Soubise erbaut. Wegen des abfallenden Geländes hat der Prachtbau an der Ill-Seite eine Etage mehr. Drei Museen sind heute in dem Schloss untergebracht.

2, pl. du Château

Parc de la Citadelle ■ E 21, S. 119

Diese Oase am modernen Esplanade-Viertel war das Kernstück des Befestigungsgürtels, den Vauban 1682 bis 1684 aufschütten ließ. Erhalten ist der Hauptwall der Zitadelle und das dreieckige Vorwerk.

Rue de Boston, Esplanade; Bus 20

Parc de Contades ■ A 8, S. 110

Die von Linden beschatteten Grünflächen hinter der Synagoge »de la Paix« wurde 1764 auf dem Schießrain, dem Schießübungsplatz, angelegt. Der Name geht auf den Gouverneur der Provinz, Louis-Georges de Contades (1704–1795) zurück, dessen Koch die Gänseleberpastete erfand. Die Mieten der umliegenden Wohnungen erreichen astronomische Höhen.

Av. de la Paix

Parc de l'Orangerie 👣 ■ E 8/F 8, S. 111 und E 13/F 13, S. 115

Gegenüber dem Europarat liegt dieser schönste Park der Stadt mit Blutbuchen, Platanen und leuchtenden Blumenbeeten. In der Mitte hat Napoleon 1805 für die Kaiserin den Pavillon Joséphine errichtet. Heute findet sich eher eine bunte Mischung aus europäischen Beamten und Abgeordneten ein. Hinter Bäumen versteckt liegt das feine Schlemmerlokal Le Bürehie-

l. Das Bowling-Restaurant an dem
▪e (Bootsvermietung) bietet eine
höne Terrasse zum Ausruhen.
. de l'Europe; Bus 23

▪arlement Européen
▪uropäisches Parlament)
▪ D 6/D 7, S. 110
▪ine Woche pro Monat (außer im Au-
▪ust) tagt das Europäische Parlament
▪er 15 EU-Länder in seinem Glaspa-
last am Ufer der Ill. 626 Abgeord-
nete, ihre Mitarbeiter, Dolmet-
scher, Beamte und Journalisten
▪evölkern dann die Konferenzsäle
und Büros. Die Einwohnerzahl der
Stadt wächst in einer Sitzungswoche
um etwa 3000 Personen, was für
Straßburg einen wichtigen Wirt-
schaftsfaktor darstellt. Daher
bemüht sich die Stadt um gute Ar-
beits- und Aufenthaltsbedingungen
für die Europäer. Nach jahrzehntelan-
gem Provisorium hat der EU-Minis-
terrat im Dezember 1992 Straßburg
endgültig zum Sitz des Europaparlaments ernannt. Das neue Gebäude
hat einen Plenarsaal mit 750 Sitzplät-
zen, Dutzenden von Tagungsräumen
und über 1000 Büros.

Die Abgeordneten werden seit
1979 für jeweils fünf Jahre direkt
gewählt. Für Besuche einer Sitzung
und die aktuellen Termine des Europaparlaments wenden Sie sich an:
**Service des Visites du Parlement
Européen;** Tel. 03 88 17 20 07; Einzelper-
sonen können kurzfristig tgl. an zwei
Führungen teilnehmen, von denen eine in
der Sprache abgehalten wird, die die
Mehrheit der Anwesenden spricht; Bus 23

Pont du Corbeau   ▪ E 11, S. 113
Über die »Schintbrück« fahren aus
Deutschland kommende Autofahrer
zum Münster. Früher wurden hier
Verbrecher hingerichtet. Väter-, Kin-
desmörder und Ehebrecherinnen
nähte man bei lebendigem Leib in einen Sack und warf sie in die Ill. Wein-
fälscher und betrügerische Händler

steckte man in Käfige und hing sie in
die stinkenden Abwässer der angren-
zenden Grande Boucherie (Schlachthaus), die heute das Historische Museum beherbergt.

Ponts-Couverts
(Gedeckte Brücken)   ▪ B 11, S. 112
Überreste der Stadtmauer aus dem
14. Jh. spannen sich über die Ill-
Arme. Früher versperrten sie mit Fall-
gattern den Eingang von Straßburg.
Die vier ursprünglich gedeckten
Holzbrücken wurden im 19. Jh. aus
Stein neu gebaut. Die vier Türme
dienten bis 1832 als Gefängnis.
Pl. Henri Dunant, La Petite France

Pont de l'Europe (Europabrücke)
östlich ▪ F 23, S. 119
Führt bei Kehl über den Grenzfluss
Rhein, ist 245 m lang und stammt
aus dem Jahr 1960. Sie ist das
schlimmste Nadelöhr für iberische
Obst- und Gemüsetransporte in die
übrigen EU-Länder. Verkehrsstaus
entstehen häufig an Wochenenden
und im Berufsverkehr (morgens
zwischen 8 und 9, abends gegen 18
Uhr).
Bus 21

Port Autonome de Strasbourg
östlich ▪ F 21, S. 119
Der Hafen ist mit einem jährlichen Wa-
renumschlag von etwa elf Millionen
Tonnen zweitgrößter Rheinhafen nach
Duisburg und nach Paris zweitgrößter
Stromhafen Frankreichs. 90 Prozent
der Waren sind für den Export be-
stimmt, wobei Erze, Baustoffe und
Erdölprodukte an der Spitze stehen.
Gegründet wurde der Hafen 1890 und
nach der Jahrhundertwende erweitert.
Heute umfasst er mit 14 Becken und
zwei Vorhäfen eine Gesamtfläche von
1 058 ha. Einen guten Überblick über
die Industrieanlagen und Lagerhallen
vermittelt die dreistündige Hafen-
rundfahrt, die bis zur Europabrücke
und der Rheinschleuse führt.

Rundfahrten: Juli und Aug. 10.30 und
14.30 Uhr; (Dauer 2,5 Std.); **Preise:**
7,60 €, Jugendliche 3,80 €; **Reservierungen:** Port Autonome de Strasbourg;
15, rue de Nantes; Tel. 03 88 84 13 13, Fax
03 88 84 33 13; **Abfahrt:** Promenade Dau-
phine, Pl. de l'Etoile; Bus 14, 20, Tram 1

Rue des Juifs   ■ E 10/F 10, S. 113
Diese Straße in der Altstadt, die von
der Rue du Parchemin bis zur Rue du
Dome führt, ist die historische Händ-
lergasse der Juden mit zahllosen Geschäften und kleinen Boutiquen. Bis
heute hat sie ihr traditionelles Kauf-
mannsflair behalten. Allerdings sind
die historischen Tuchläden und
Handwerksbetriebe Kleider-, Ge-
schenkartikel- und Schuhgeschäften
gewichen. Den Hausfassaden ist der
Wohlstand vergangener Zeiten anzu-
sehen. Bis 1870 lebte in dieser
Straße der letzte Straßburger Bürgermeister unter Napoleon III., Theodo-
re Humann (Nr. 5). Zu sehen ist ferner das Portal der ehemaligen Trink-
stube der Maurerzunft von 1506-
1789 (Nr. 9) mit einem bemerkenswerten Rundbogen auf zwei Säulen.
Das Haus Nr. 11, das im 13. Jh. der
Familie von Batzendorf gehörte, wurde im 17. Jh. dem Zeitgeschmack ent-
sprechend verändert. Die Fassade
mit einem Erker wurde im Louis-Qua-
torze-Stil verkleidet, und die Außen-
wand fällt durch ein Netz kleiner vier-
blättriger Blumen auf. Dieses Haus
zeigt, dass die Straßburger Maurer-
meister die Kunst beherrschten, lokale Traditionen mit dem Louis-
Quatorze-Stil zu verbinden. Schließlich bewohnte die Prinzessin Christi-
na von Sachsen und Tante König
Ludwig XVI. das Haus Nr. 27, das sie
1779 völlig neu aufbauen ließ. Das
Ehrenportal wird von bildhaueri-
schem Schmuck und schmiedeeisernen Elementen umrahmt, und die
Mittelfenster sind mit den Figuren
der vier Jahreszeiten geschmückt.

Saint-Thomas   ■ D 11, S. 11
In dieser protestantischen Kirche au
dem 9. Jh., nicht weit von La Petite
France entfernt, hat der Elsässer und
Bach-Kenner Albert Schweitzer an
der Silbermann-Orgel häufig Konzer
te gegeben, um Spenden für sein
Tropenhospital in Lambarene zu
sammeln. Andreas Silbermann hat die
stattliche Orgel 1737 bis 1740 neu erbaut, heute hat sie 60 Register und
3500 Pfeifen.

Die Kirche birgt eine Vielzahl von
Grabmälern. Das bedeutendste Kunst
werk in dieser größten Kirche der
Stadt (nach dem Münster) ist das
Grabmal des Marschalls Moritz von
Sachsen (1696–1750), der für Frankreich kämpfte. Der Bildhauer Jean-
Baptiste Pigalle hat dieses monumentale Werk aus Marmor 1756 bis 1776
im Auftrag Ludwig XV. geschaffen. Der
Marschall, den »La France« noch
zurückhalten will, schreitet mehrere
Stufen hinab auf einen Sarg zu, den
der Tod offenhält. Daneben trauert
Herkules. Die in den flandrischen Krie-
gen besiegten Länder umrahmen als
Wappentiere dieses Hauptwerk der
französischen Plastik des 18. Jh.: der
österreichische Adler, der holländi-
sche Löwe und der englische Leopard.

Außerdem sehenswert sind der
Adelochssarg (um 1130), ein Meister-
werk der Steinmetzkunst, im südlichen Querschiff, sowie die überaus
realistische Grabstatue des Patriziers
Nikolaus Roder von Tiersberg im
nördlichen Querschiff.
Pl. Saint-Thomas; tgl. 10–12 und 14–17 Uhr

Synagogue »de la Paix«
               ■ A 8, S. 110
Der hohe Betonbau am Rande des
Parc des Contades wurde 1954 von
den Architekten Levy und Berst erbaut und am 23. März 1958 eingeweiht. Die zwölf Säulen stehen stell-
vertretend für die Stämme Israels.
Die frühere Synagoge am Quai Kléber war von den Nationalsozialisten

Oben: In der neuen Synagoge trifft sich die jüdische Gemeinde Straßburgs (→ S. 46).

Mitte: Die Gedeckten Brücken (Pont Couverts) sind Überreste der mittelalterlichen Stadtmauer (→ S. 45).

Unten: In der Altstadt La Petite France gibt es noch so manche kleine Werkstatt, die man beim Spaziergang entdecken kann (→ S. 40).

1941 in Brand gesteckt worden. Die jüdische Gemeinde, eine der größten Frankreichs, zählt etwa 15 000 Menschen.
16, av. de la Paix; Führungen
Tel. 03 88 35 61 35; Bus 6

Tabakmanufaktur ■ A 15, S. 114

Das quadratisch angelegte Gebäude mit einem Innenhof liegt in der Krutenau und wurde 1849 gebaut. Die **Manufacture des Tabacs** ist heute noch im Originalzustand – mit Ausnahme des Hauptgebäudes, das 1944 durch Bomben zerstört und in den fünfziger Jahren neu erbaut wurde. Pro Jahr werden hier etwa 400 Mio. Zigarren und Zigarillos gedreht, was 50 Prozent der französischen Gesamtproduktion entspricht. Beim Gang durch die würzig duftenden Arbeitshallen kann man den 320 Angestellten bei den verschiedenen Arbeitsgängen über die Schulter blicken. Allerdings sind die Arbeitsplätze durch sinkenden Verbrauch und die zunehmende Umstellung auf vollautomatische und elektronisch gesteuerte Maschinen bedroht. Im Elsass wird zwar dunkler Tabak angepflanzt, die meisten der in der Manufaktur verarbeiteten Tabakblätter stammen jedoch aus Mittelamerika und Zentralafrika.
7a, rue de la Krutenau; Führungen auf Anfrage (Dauer ca. 2 Std.);
Tel. 03 88 35 29 00; Bus 10

Terrasse Panoramique du Barrage Vauban ■ B 11, S. 112

Schöner Blick auf die vier Stadttürme der Ponts-Couverts (Gedeckte Brücken) im Vordergrund, auf die Altstadt La Petite France und die Kirche Saint-Thomas bis hin zum Münsterturm. Das ehemalige Frauengefängnis nördlich vom Vaubanwehr beherbergt jetzt die Eliteschule ENA. Der Meister-Ingenieur des Sonnenkönigs Ludwig XIV., Sébastian Le Prestre Marquis de Vauban (1633–1707), hat das Wehr als Teil seiner Verteidiganlage Ende des

17. Jh. konzipiert. Durch die Schleusentore konnte das Wasser gestaut und um den südlichen Verteidigungsgürtel der Stadt geleitet werden. Die Terrasse stammt aus dem Jahr 1967.
Pl. du Quartier Blanc; tgl. 9–22 Uhr; Bus :

Totenmonument ■ F 9, S. 11

In der Mitte der Place de la République steht das wohl symbolträchtigste Monument der Stadt, das Denkmal für die Gefallenen des Ersten Weltkriegs (**Monument aux Morts**). Es wurde 1936 von Léon Drivier errichtet. Eine Mutter, Straßburg, beweint die auf ihren Knien liegenden zwei Söhne. Der eine starb als deutscher Soldat, der zweite im französischen Heer, doch im Tod reichen sie sich versöhnlich die Hände.

Die Symbolkraft dieses Monuments hat auch für den Zweiten Weltkrieg ihre Gültigkeit bewahrt, als ebenfalls Brüder auf deutscher und auf französischer Seite gegeneinander kämpften. Über 130 000 Elsässer wurden nach der Annektion des Elsass 1940 zwangsweise in die deutsche Wehrmacht eingezogen, 40 000 von ihnen sind im Krieg gefallen. Die anderen **Malgré Nous** (Gegen unseren Willen), die zurückkehrten, wurden teilweise von ihren eigenen Familien misstrauisch als Vaterlandsverräter betrachtet. Die Bundesregierung hat nach einer Vereinbarung mit Frankreich 1981 die Überlebenden und ihre Angehörigen mit 125 Mio. Euro entschädigt.

Wasserwege

Die Altstadt Straßburgs ist auf der Südseite von der Ill und auf der Nordseite von dem künstlich angelegten **Fossé du faux Rempart (Falschwallkanal)** umgeben. Am Stadteingang bei den Gedeckten Brücken in La Petite France teilt sich die Ill in mehrere Arme. Das größere Stadtgebiet wird im Westen hinter dem Bahnhof von dem **Fossé des**

emparts (**Wallgraben**) begrenzt, im
üden und Osten vom Hafen und
em Rhein-Rhône-Kanal. Im Norden
chließt sich der Kreis durch den
anal de la Marne au Rhin (**Rhein-
arne-Kanal**). Die Besichtigung
traßburgs vom Wasser aus ist sehr
mpfehlenswert:

romenade sur l'Ill 👫 rund um die Alt-
tadt
auer: 1,5 Std.; ganzjährig Rundfahrten,
pril–Okt. tgl. halbstündlich 9.30–21 Uhr;
reis: 6,30 €, Kinder 3,20 €; Kartenver-
auf und Treffpunkt ist der Anlegesteg vor
em Palais des Rohan; Tel. 03 88 32 75 25

**Nächtliche Fahrt auf der Ill
(flâneries nocturnes)**
Dauer: 1,5 Std.; Mai–Sept. tgl. 21.30 und
22 Uhr; Preis: 6,60 €; Kinder 3,30 €;
Kartenverkauf und Treffpunkt:
Anleger am Palais des Rohan;
Tel. 03 88 32 75 25

Eine **Rundfahrt durch die Altstadt**
und das Hafenbecken bietet das
Restaurant-Boot (**promenade gastro-
nautique**).
Dauer: 2,5 Std.; tgl. 12, 12,30 und 18.30
Uhr am Quai des Pêcheurs; 12.45 und

18.45 bzw. 19.45 Uhr am Quai Finkenwei-
ler; Preis: 12,20 €, Menüs für 20, 22 und
23 €

Züricher Brunnen ■ A 15, S. 114
Seit 1884 erinnert dieser Brunnen an
die berühmte »Hirsefahrt« der Züricher Bürger im Jahr 1576. Die
Schweizer wollten ihren Verbündeten
beweisen, dass sie im Notfall so
schnell herbeieilen könnten, dass ein
heißer Brei noch warm in der Stadt
ankäme. Auf den damals noch wilden
Flüssen Limmat, Aare und Rhein
brachten die Schiffer einen Topf Hir-
sebrei nach Straßburg, den sie in
heißem Sand vergraben hatten. Nach
17 Stunden Fahrt soll der Brei bei der
Ankunft tatsächlich noch warm ge-
wesen sein.

*Nicht nur bei Straßburg-Besu-
chern beliebt ist eine Bootsrund-
fahrt auf der Ill. Auch Einheimischen macht es immer wieder
Vergnügen, ihre Stadt vom Wasser aus zu erleben.*

Das Angebot der Museen in Straßburg ist groß: Von der Vorsteinzeit über mittelalterlichen Handel bis zur Volkskunst gibt es Zeugnisse der Stadtgeschichte.

Jeun Museen sind in Straßburg zu besichtigen, und fast alle liegen der Umgebung des Münsters. Die nstmuseen im **Palais des Rohan** eten eine schöne Sammlung europäischer Malerei vom 14. bis zum . Jh. sowie Werke aus der elsässichen Schule des 18. und 19. Jh. Seenswert sind außerdem die wertvollen Erzeugnisse Straßburger Handwerksbetriebe aus der Zeit von 1681 is 1850 im **Kunstgewerbemuseum:** eramik, Möbel und Goldschmiederbeiten. Dort können Sie auch die runkgemächer der Fürstbischöfe on Rohan bewundern. Das **Musée rchéologique** besitzt reiche Sammlungen aus der Ur- und Frühgeschichte der Region bis zur Zeit der Merovinger (800 n. Chr.). In der **Galerie Alsacienne** in einem Seitenflügel des Rohan-Schlosses sind elsässische Meister des 19. Jh. ausgestellt. Im Postgebäude am Münsterplatz befinden sich das **Kupferstichkabinett** (Cabinet des Estampes) mit Stichen, Porträts und regionalen Geländekarten vom 15. bis ins 20. Jh. und die Schlossbibliothek mit 40 000 Büchern. Ein Stadtrundgang lässt sich sinnvoll ergänzen durch einen Besuch des **Musée Historique** mit Zeugnissen der militärischen und politischen Stadtgeschichte. Zum Schutz vor schädlichen Umwelteinflüssen hat man die Originale der bedeutendsten Münsterskulpturen im **Musée de l'Œuvre Notre-Dame** ausgestellt. Das **Musée alsacien (Elsässisches Museum)**, das in drei alten Fachwerkhäusern untergebracht ist, zeigt Volkskunst und traditionelle Einrichtungsgegenstände aus der ganzen Region. Am Ufer der Ill liegt das prachtvolle **Musée d'Art Moder-**

ne (Museum für moderne Kunst), das allein wegen seiner Architektur einen Abstecher lohnt.

Öffnungszeiten der Museen

Tgl. außer Di 10–18 Uhr, falls nicht anders angegeben
Informationen:
Broschüre des Verkehrsamtes **Strasbourg Actualités**
Weitere Auskünfte:
Direction des Musées ■ E 11, S. 113
5, pl. du Château; Tel. 03 88 52 50 00

Museen

Cabinet des Estampes
et Bibliothèque ■ E 11, S. 113
Das Kupferstichkabinett enthält insgesamt 25 000 Zeichnungen und Stiche vom 15. bis 20. Jh., Porträts, Plakate und elsässische Geländekarten. Hervorzuheben sind die Zeichnungen des großen Straßburger Illustrators Gustave Doré, der für Rabelais und Balzac zeichnete und im Haus Nr. 6, Rue des Ecrivains, sein Talent entwickelte. Die Sammlung der Bibliothek umfasst 40 000 Bücher über Kunst, Architektur, Kunstgewerbe und das Elsass.
5, pl. du Château; Do 9–12 und 13–17 Uhr, im Aug. geschl.; Eintritt frei

Musée alsacien ■ E 12, S. 113
Die drei schönen Fachwerkhäuser, die seit 1902 das Elsässische Museum beherbergen, stammen aus der gleichen Epoche wie zahlreiche Volkskunstobjekte im Innern: Möbel, Trachten, Bilder, Haushaltsgegenstände und Werkzeuge. Im Erdgeschoss werden Werkzeuge, die mit dem Wein- und Ackerbau zusammenhängen, gezeigt.
Im ersten Stock ist eine elsässische Wohnstube reicher Bauern aus Wintzenheim (1810) mit Balkendecke und Wandvertäfelung im Louis-Seize-Stil zu sehen. Relativ bescheiden ist die elsässische Keramiksammlung mit

Einst großes Schlachthaus, heute Stadtmuseum: das Musée Historique (→ S. 53).

Steingut aus Soufflenheim und Betschdorf, wo heute noch getöpfert wird. Im 18. Jh. gab es in der Region über 300 Werkstätten.

Im zweiten Stock sind schöne Beispiele religiöser Hinterglasmalerei zu finden, eine Tradition, die im übrigen Frankreich fast unbekannt ist. Kurios sind die Holzmasken der »Mehlkotzer« mit weit aufgerissenen Mäulern, aus denen im 18. und 19. Jh. das Mehl rann. In zwei Räumen sind die verschiedenen Trachten der Region ausgestellt, die sich teilweise von Dorf zu Dorf unterscheiden. Die berühmte schwarze Schleife, die heute jede Souvenirpuppe schmückt, ist übrigens nicht älter als hundert Jahre.

23–25, quai Saint-Nicolas, Nähe Rabenbrücke (Pont du Corbeau); Juni–Sept. Führungen Fr 20.30 Uhr (Dauer: 1,5 Std.)

Musée d'Art Moderne

■ A 11, S. 112

Im Museum für moderne Kunst ist ein Großteil der 1500 Werke zu sehen, die bisher aus Platzmangel eingelagert waren. Ein Saal des zweistöckigen Gebäudes ist dem Straßburger Hans Arp gewidmet. Auch für den Straßburger Illustrator Gustave Doré ist eine Sondergalerie reserviert. Die Auswahl aus der Zeit zwischen 1870 und heute umfasst Werke von Max Liebermann und Monet, Max Ernst und Man Ray ebenso wie Niki de Saint Phalle. Der Architekt Adrien Fainsilber hat diesen Bau mit breiter Glasfront am Ufer der Ill entworfen.

1, pl. Hans-Jean Arp; Di–So 11–19 Uhr; Eintritt 4,60 €

Musées du Palais des Rohan

■ E 11/F 11, S. 113

Drei Kunstmuseen sind in der herrlichen Residenz der Fürstbischöfe von Straßburg aus dem 18. Jh. untergebracht: das Musée Archéologique (Archäologisches Museum), das Musée des Arts Décoratifs (Kunst-

gewerbemuseum) und das Musée des Beaux-Arts et Grands Appartements (Gemäldegalerie und Bischöfliche Räume).

2, pl. du Château; So bis 17 Uhr; Eintritt f alle drei Museen 6,10 €

Musée Archéologique

Dieses Museum ist nach Saint-Germain-en-Laye das wichtigste seiner Art in Frankreich. Die Sammlungen im Untergeschoss des Hauptgebäudes reichen von der Vorzeit über die Bronzezeit, den Beginn des Christentums bis hin zur Völkerwanderung. Aus der Altsteinzeit (Paläolithikum, 500 000– 8000 v. Chr.) stammen Reste von Tierfossilien wie ein im Rhein gefundener Mammut-Kiefer, ferner Gegenstände aus Wohn- und Grabstätten der Jungsteinzeit (Neolithikum), die in der Umgebung von Straßburg entdeckt wurden. Eine bedeutende Sammlung von Votiv- und Grabsteinen aus der römischen Zeit (1.–4. Jh.) wird ergänzt durch Zeugnisse römischer Wohnkultur wie Fresken, kleine Bronzestatuen und eine sehr schöne Vasen- und Glassammlung. Berühmt sind die Mithrasreliefs aus Mackwiller und dem Straßburger Vorort Koenigshoffen.

Musée des Arts Décoratifs

Im Seitenflügel der ehemaligen Pferdeställe befindet sich die umfangreiche Sammlung Straßburger Fayencen aus der berühmten Hannong-Manufaktur, die von 1721 bis 1781 in Straßburg in Betrieb war. Ferner Möbel aus dem 18. und 19. Jh. und Luxusartikel aus den Werkstätten der Eisen- und Goldschmiede, Uhrmacher und Glasbläser. Die Hannong-Fayencen mit blauen Bortenmustern und vielfarbigen Verzierungen waren im 18. Jh. in ganz Europa beliebt. Der in Straßburg entwickelte, zarte purpurfarbene Blumenschmuck auf weißen Tellern hat nach 1750 viele Fayencewerkstätten in Europa beeinflusst. Die Manufaktur ging 1781 je-

och auf spektakuläre Weise pleite.
oseph Hannong, der Enkel des
olländischen Firmengründers, hatte
ich mit der Herstellung des teuren
artporzellans finanziell übernom-
en und landete im Gefängnis.
o bis 17 Uhr

Musée des Beaux-Arts
in Großteil der Ankäufe dieser Ge-
näldesammlung wurde noch vom
oeutschen Kaiserreich finanziert. Die
Auswahl traf zwischen 1889 und 1904
der Direktor der kaiserlichen Museen
n Berlin, Wilhelm Bode, ein Spezialist
talienischer und holländischer Male-
ei. Schwerpunkt heutiger Neuerwer-
oungen des Museums ist die noch
unterrepräsentierte französische Malerei des 17. und 18. Jh. Vertreten sind
die französische, flämische, holländi-
sche, spanische und italienische Schule vom 14. bis 19. Jh. Gemälde von
Giotto, Botticelli, van Dyck, Rubens,
Raphael, Tintoretto, El Greco (Mater
Dolorosa, 1594–1597), Goya, Wat-
teau, Fragonard, Delacroix und Corot
haben diese Sammlung bekannt gemacht. Ein berühmtes Bild ist »La belle
Strasbourgeoise« (Die schöne Straß-
burgerin) des Pariser Meisters Nicolas
de Largillière aus dem Jahr 1703. Die
Dame aus besten Bürgerkreisen fällt
besonders durch ihre Tracht und den
weit ausladenden Hut (**châpeau à cor-
nes**) auf, der bis 1730 getragen wurde.
So bis 17 Uhr

Galerie Alsacienne
Im Flügel der Wirtschaftsgebäude
sind 150 Werke elsässischer Meister
vom 19. Jh. bis heute ausgestellt, zu
denen Théophile Schüler und Gustave Brion gehören. Einen besonderen
Platz nehmen Gemälde und Zeichnungen des Straßburgers Gustave
Doré ein. Zu der zeitgenössischen
Auswahl gehören auch Zeichnungen
des Karikaturisten Tomi Ungerer, der
seiner Heimatstadt Straßburg über
3000 Blätter vermacht hat.

Grands Appartements
Im Erdgeschoss hat man die fürstli-
chen Prunkgemächer und die Wohn-
räume der Bischöfe im Stil des 18. Jh.
wieder hergestellt. Wichtigster Raum
ist das Schlafzimmer des Königs
(Thronsaal), wo nach der Sitte von
Versailles die Morgen- und Abendau-
dienz stattfanden. Dort hängen die
Porträts der vier Rohans, die von 1704
bis 1803 den Bischofsstuhl innehat-
ten: Armand-Gaston (1704–1749),
François-Armand (1749–1756),
Louis-Constantin (1756–1779) und
Louis-René-Eduard (1779–1804), der
sich in die »Halsbandaffäre« um Königin Marie Antoinette verstrickte.
Führungen Di und Do 20.30 Uhr (Dauer:
2 Std.)

Musée Historique 👫 ■ E 11, S. 113
In dem Gemäuer de la Grande Boucherie (Großes Schlachthaus), wo
seit 1587 die Metzger an den Flei-
scherbänken arbeiteten, gewinnt
man heute einen Überblick über die
politische, wirtschaftliche, militärische und topografische Geschichte
der Stadt Straßburg. Modelle von Ge-
schützen und große Belagerungska-
nonen (1730–1740) sind im Erdgeschoss aufgestellt.

Im ersten Stock befinden sich
Dokumente zur mittelalterlichen
Stadtgeschichte, darunter ein Faksi-
mile der Straßburger Eide (14. Feb.
842), des ältesten Dokuments in
französischer Sprache. Ludwig der
Deutsche und Karl der Kahle leiste-
ten den Bündniseid in romanischer
und deutscher Sprache. Aus der
Zeit der Freien Reichsstadt (1100–
1482) stammen Wappenbücher,
Münzen und Medaillen. Porträts, Stiche und Dokumente erinnern an die
Ära der Freien Königlichen Stadt
(1681–1789) mit mehreren Besuchen
des französischen Monarchen. Das für
Straßburg wichtigste Ereignis der
Französischen Revolution war die
»Marseillaise«, die Rouget de Lisle

1792 als Kriegslied für die Rheinarmee komponierte. Der denkwürdige
erste Vortrag am Klavier im Salon des
Bürgermeisters Dietrich (4, pl. Broglie) wurde in einem Gemälde von Pils
festgehalten. Dargestellt sind auch
die Besuche des Kaiserpaares Napoleon und Josephine 1806. Waffen und
Uniformen erinnern an die deutsche
Belagerung von 1870, den Einmarsch
französischer Truppen 1918, die na-
tionalsozialistische Besetzung 1940
bis 1944 und die Befreiung durch General Leclerc im November 1944.

Im größten Raum des Museums
befindet sich das kostbare Modell der
Stadt (1:600), das Militäringenieure
der Vaubanakademie 1727 mit un-
endlicher Detailtreue anfertigten.

Im zweiten Stock ist eine Sammlung mechanischer Spielzeuge aus
dem 19. und 20. Jh. untergebracht,
die der Karikaturist Tomi Ungerer
dem Museum vermacht hat. Die
Stücke stammen aus Amerika,
Deutschland und Frankreich.
3, pl. de la Grande-Boucherie; wegen Um-
bauarbeiten bis 2002 geschl.

Musée de l'Œuvre Notre-Dame (Frauenhausmuseum) ■ E 11, S. 113

Der Gebäudekomplex stammt aus
dem 14. bis 16. Jh. und war früher
Sitz der Münsterbauhütte. Seit 1931
sind in dem Museum Werke der elsässischen Kunst vom 12. bis 17. Jh.
zu sehen. An erster Stelle stehen die
wertvollen Originale der Münsterskulpturen, darunter die berühmten Statuen der Ecclesia und der
Synagoge (1230). Einzigartig in Europa ist die Sammlung von Originalris-
sen, die die Werkmeister des Mittelalters für den Bau des Münsters
zeichneten.

Zu sehen sind außerdem Glasma-
lereien und Baupläne des Münsters
sowie eine reiche Sammlung religiöser Bilder, Skulpturen, kunstvoller
Gläser, Goldschmiedearbeiten und
Möbel. Zu den Malereien und Plasti-

ken gehören die charaktervollen
Büsten des Niederländers Gerhaerts
von Leyden aus dem 15. Jh. und ein
Hauptwerk des Meisters Konrad Witz
die hl. Magdalena und die hl. Kathari-
na im Kreuzgang des Basler Münsters
1445. Die Stillleben des Straßburger
Künstlers Sebastian Stoskopf gehöre
zu den Meisterwerken des 17. Jh.
3, pl. du Château; Juni–Sept. Führungen
Mi 20.30 Uhr (Dauer: 1,5 Std.), Mo geschl.,
So bis 17 Uhr

Sammlung Tomi Ungerer 👫
■ E 11, S. 113

Die im Juni 1990 eröffnete Sammlung
des 1931 geborenen Karikaturisten
mit über 7000 Zeichnungen, Plakaten,
Büchern und Skulpturen des Straßburger Künstlers wird ständig ergänzt.
4, rue de la Haute-Montée; zu besichtigen
nach Anmeldung jeden Do;
Tel. 03 88 32 31 54; Eintritt frei

Galerien

Aktuaryus ■ D 9, S. 113

Die älteste Galerie der Stadt bietet
Lithographien, Ölbilder, Skulpturen
und Aquarelle französischer Künstler, klassisch und modern.
23, rue de la Nuée Bleue; Tel. 88 32 39 38

Ancienne Douane ■ E 11, S. 113

Im ersten Stock des alten Zollhauses
sind häufig Ausstellungen international bekannter Künstler der Gegenwart
und vergangener Epochen zu sehen.
1a, rue de la Douane; Auskunft bei der
Museumsverwaltung, Tel. 03 88 52 50 00

Galerie Nicole Buck ■ E 11, S. 113

Bildhauer und zeitgenössische Maler
bieten ihre abstrakte oder figurative
Kunst zu teils günstigen Preisen an.
4, rue des Orfèvres; Tel. 03 88 22 63 09

Espace Suisse ■ F 10, S. 113

In dieser Galerie werden die teilweise
sehr originellen Ausstellungsstücke
abstrakter Künstler nach dem indivi-

*Oben: Die Residenz der Fürstbischö-
fe von Straßburg, das Palais des
Rohan, beherbergt drei Kunstmuseen. Zu bewundern sind u. a. ar-
chäologische Funde, Fayencen und
Gemälde (→ S. 52).*

*Mitte: Im Frauenhausmuseum
(Musée de l'Œuvre Notre-Dame)
werden die Baupläne für das Münster aufbewahrt.*

*Unten: Die älteste Galerie Straß-
burgs, Aktuaryus, hat sich auf französische Künstler spezialisiert.*

duellen Geschmack der Besitzer ausgewählt. Die Objekte stammen u. a. aus Deutschland, Großbritannien und Südafrika. Nicht für jeden Geldbeutel geeignet.

6, rue des Charpentiers; Tel. 03 88 32 50 36

L'Estampe ■ F 11, S. 113
Verkauft alte und moderne Radierungen, Lithographien und Kupferstiche, auch Stadtansichten.

31, quai des Bateliers; Tel. 03 88 36 84 11

Fou du Roi ■ F 10, S. 113
Diese Galerie fällt aus dem üblichen Rahmen und bietet ungewöhnliches Mobiliar, Einzelstücke für Wohnzimmer oder Küche und immer wieder interessante Möbel für Kinder. Zu den Designer-Stücken zählen auch Lampen, Vasen und Geschirr.

4, rue du Faisan; Tel. 03 88 24 23 25

MERIAN-Tipp

Ein besonderes Souvenir sind die **marqueterie** genannten **Holzgemälde** mit Motiven aus der Stadt oder elsässischen Dörfern. Es sind kunstvollen Einlegearbeiten aus den Hölzern verschiedener Bäume. Die bekanntesten Künstler sind Jean-Charles Spindler aus Boersch bei Obernai und Robert Aufderbrück aus Schirmeck. Diese Holzgemälde sind sehr teuer, weil ihre Herstellung geduldige Handarbeit erfordert. Zu erwerben sind sie in Galerien, Kunstgewerbeläden, bei Antiquitätenhändlern oder bei den Künstlern persönlich. Jean-Charles Spindler, 3, rue Saint-Leonard, Boersch; Tel. 88 95 80 17; Robert Aufderbrück, 63, pl. de la Liberté, Schirmeck; Tel. 03 88 97 14 79

Galerie Europa ■ F 11, S. 11
Ausgestellt werden hauptsächlich Ölgemälde regionaler, französischer und europäischer Künstler. Die Werke in oft sehr intensiven Farben stechen ins Auge.

42, quai des Bateliers; Tel. 03 88 35 20 10
Bus 10

Galerie Kahn Ⓜ ■ A 11, S. 11
Diese Galerie in der Nähe des Museums für moderne Kunst bietet auf 120 qm eine oft bemerkenswerte Auswahl abstrakter Werke aus mehreren Ländern Europas. Der Besitzer Georges-Michel Kahn ist Spezialist für die fünfziger und sechziger Jahre.

5, pl. Hans Arp; Tel. 03 88 32 27 32

Galerie Oberlin ■ D 11, S. 113
Im Erdgeschoss dieser Buchhandlung werden Werke elsässischer Künstler ausgestellt, moderne Collagen, aber auch traditionelle Landschaftsmalereien.

19, rue des Francs-Bourgeois;
Tel. 03 88 32 45 83

La Palette d'Or ■ E 10, S. 113
Gemälde, Lithographien, Glaskunst, Keramik und originelles Kunsthandwerk französischer Künstler für den gehobenen Geschmack.

18, rue du Dôme; Tel. 03 88 32 79 10

Galerie Rauscher Ⓜ Ⓜ
■ C 11, S. 112
In dieser Galerie werden zeitgenössische Künstler und naive Maler ausgestellt, die als Neuentdeckungen gefördert werden. Die Inhaberin Pascale Froessel ist dafür bekannt, auf den Zeitgeist zu reagieren. Die von ihr geförderten französischen Künstler wie Rampelberg, Jean-Paul Milleliri, Michel Beszie oder Thierry Carton werden durchschnittlich alle zwei Jahre mit ihren neuesten Werken vorgestellt. Die Preise sind dabei durchaus akzeptabel.

14, rue des Dentelles; Tel. 03 88 32 74 48

Vive la différence – trotz Binnenmarkt gibt es in Straßburg Kleidung mit französischem Chic, eine Riesenauswahl an Käsesorten und den spritzigen Crémant.

Frankreich ist als Einkaufsland vergleichsweise teurer als Deutschland, und in Straßburg hat darüber hinaus der Status als Europastadt eine preisfördernde Wirkung. Preisbewusste Elsässer fahren deshalb zum Großeinkauf auf die deutsche Rheinseite, qualitätsbewusste Reisende aus deutschsprachigen Ländern hingegen finden in Straßburg ein hervorragendes Angebot an Spezialitäten aus Küche und Keller. Fachgeschäfte bieten ausgezeichnete französische und elsässische Weine, edle Champagner-Marken, alten Cognac und die verschiedensten Weinbrände. Feinste Fleisch- und Wurstpasteten und leckere **Amuse-Gueules**, Appetithappen, gibt es in den **Charcuteries/Boucheries**, den Fleischwarenhandlungen, die eher deutschen Delikatessenläden entsprechen und deren Angebot in der Vorweihnachtszeit besonders reichhaltig ist. Die Qual der Wahl hat man an den meterlangen Käsetheken großer Supermärkte und kleiner **Fromageries**. Frische Trüffel, Pralinen und Schokoladen aus eigener Herstellung bieten die **Chocolatiers/Confiseurs**, und auch das alltägliche Angebot an Obst und Gemüse ist von bester Qualität.

Fündig wird man beim Einkaufsbummel auf der Suche nach elsässischem **Kunsthandwerk**. Da gibt es schön ziselierte Weingläser, bemaltes Porzellan und Antiquitäten wie Bauerntruhen und andere Möbel. Was Modeartikel betrifft, so können Sie sich in Straßburg von Kopf bis Fuß in Haute Couture einkleiden:

Chanel, Guy Laroche, Louis Feraud, Rodier, Hermes … Die atemberaubenden Stoffe und die wunderbare Verarbeitung trösten anschließend über die gähnende Leere im Portemonnaie hinweg. Richtiger Chic ist sehr teuer. In den letzten Jahren hat sich das Damenbekleidungsangebot der Europastadt gemacht. Auch Kinder und Männer kommen auf ihre Kosten. Für bescheidenere Ansprüche ist die Auswahl zwar auch recht groß, bietet jedoch im Vergleich zu Deutschland kaum Preisvorteile.

Bummeln rund um das Münster

Da jedoch schon die Abwechslung vom gewohnten Warenangebot den halben Spaß des Einkaufens ausmacht, orientiert man sich am besten erst einmal beim Bummel durch die Einkaufsstraßen in der Fußgängerzone rings um das Münster. Die Rue du Dôme, Rue des Hallebardes und Rue des Orfèvres sind die wichtigsten. Im Prinzip liegen die meisten Einzelhandelsgeschäfte im Stadtzentrum zwischen der Place Broglie, dem Münster, der Place Kléber und Place Gutenberg mit allen Verbindungsstraßen. Dort findet man auch die großen Warenhäuser Printemps, Magmod und FNAC-Maison Rouge. An regnerischen Tagen kann man stundenlang durch das weitläufige Einkaufszentrum **Centre Halles** flanieren, wo auf zwei Etagen vom Schnürsenkel bis zum Farbfernseher alles angeboten wird. **Antiquitätengeschäfte** findet man vor allem in La Petite France.

In den Außenzonen der Stadt haben sich nach amerikanischem Vorbild regelrechte Warenhaussiedlungen mit großen Parkplätzen etabliert, so zum Beispiel in Vendenheim, Ostwald und Illkirch-Graffenstaden.

Öffnungszeiten

Die Einzelhandelsgeschäfte sind gewöhnlich werktags (auch samstags) von 9 bis 12 und von 14.30 bis 18 oder 19 Uhr geöffnet, Einkaufszentren und Supermärkte meistens durchgehend von 9 bis 19 oder 20 Uhr, samstags bis 18 Uhr. Montag vormittags haben viele kleine Geschäfte geschlossen, in den Außenbezirken teilweise auch am Mittwochnachmittag. Dichtestes Gedränge herrscht überall am Samstag, besonders bei der jährlichen **braderie** an einem Samstag im Juli, wo alle Geschäfte im Zentrum ihren Verkauf auf die Straße verlegen.

Antiquitäten

Einige Geschäfte haben sich auf alte Stücke aus der Region spezialisiert:

Chenkier Antiquité ■ C 12, S. 112
Eine Fundgrube für Kenner hochwertiger Stilmöbel und Gemälde aus dem 18. und 19. Jh.
18, rue des Glacières

Pfirsch M M ■ D 10, S. 113
Der Geschäftsinhaber gilt als ein ausgezeichneter Kenner der elsässischen Regionalkunst – von antiken Büchern über Stiche und Volkskunst bis hin zu Porzellan und Fayencen.
20, rue de la Nuée-Bleue

Denis Sainteff M ♀♂ ■ F 11, S. 113
Der Spezialist für antikes Spielzeug und Schifffahrts-Objekte. Besonders beeindruckend sind die Oldtimer-Modellautos.
5, quai des Pêcheurs

Bier

Le Village de la Biere ■ F 10, S. 11
In dieser Bier-Boutique werden zwischen 300 und 400 Biersorten aus Frankreich, Deutschland, Belgien und dem Rest der Welt angeboten.
22, rue des Frères

Blumen

Da die höflichen Franzosen zu jedem Fest und jeder Einladung mindestens ein kleines Sträußchen offerieren, ist die Auswahl an sehr hübschen (und teuren) Steckkästen und Arrangements dementsprechend groß und fantasievoll.

Fleurs Michel Buhart ■ E 11, S. 113
Blumenladen mit besonders reichem Angebot. Mini-Kakteen in Glaskoffern oder feine Stoffblumen in Schwanenvasen sind nur zwei Beispiele für die floralen Gebilde, die Sie hier erstehen können.
9, rue de la Douane

Le Jardin Miniature M M
■ D 11, S. 113
Ein japanischer Teesalon mit Bonsais und vielen exotischen Pflanzen und Blumen.
29, rue des Serruriers (Cour du Miroir)

Bücher

FNAC/Maison Rouge ■ D 10, S. 113
Der zentral gelegene Buchladen der Großkette FNAC ist aufgrund seiner großen Auswahl bei den Straßburgern besonders beliebt.
pl. Kléber

Librairie Gangloff M ■ E 11, S. 113
Hier erhalten Sie seltene antiquarische Bücher und Stiche.
20, place de la Cathédrale

brairie Kléber ■ D 10, S. 113
e große Buchhandlung im Zentrum
hrt deutschsprachige Bücher sowie
erke über elsässische Geschichte
nd Kultur.
rue des Francs-Bourgeois
Nähe Place Kléber)

elikatessen

erführerisch verlocken bereits die
chaufenster: Käse- und Fleisch-
asteten, **tourte au fromage** oder **à
a viande**; Hechtbällchen, **quenelles
u broche**; Räucherlachs, **saumon
umé**, oder Lachs im Blätterteig, **en
route**; Schnecken, **escargots**, und
Muscheln, **coquilles St.-Jacques**;
Schinken im Teig, **jambon en croute**;
Pilzragout, **ragout de champignons ...**

La Boutique du Gourmet
■ E 10/E 11, S. 113
Die Leber-Delikatesse **foie gras** hat
ihren Ursprung in Ägypten, und Georges Bruck repräsentiert die fünfte
Generation eines Hauses, das seine
Rezeptur seit 1852 nicht geändert
hat und sich mit Recht für eine Institution in der Hauptstadt der Foie
gras hält.
26, rue des Orfèvres

Gross ■ C 9, S. 112
Seit 1979 ist das Spezialitäten-
Geschäft an der Place des Halles zu
finden. Hier gibt es Croissants, Brioches, Schokolade, Pralinen und
natürlich eine große Auswahl an elsässischen Delikatessen, die sich, als
Geschenk verpackt, hervorragend als
kleine Mitbringsel eignen.
24, place des Halles

Kirn M
Der Name bürgt seit 1904 für Qualität. Das Haus hat mehrere Filialen in
der Stadt und bietet im Zentrum
gleichzeitig ein Restaurant mit Früh-
stückstisch und durchgehend warmer Küche bis 18 Uhr, um die Köst-

lichkeiten in den Vitrinen gleich probieren zu können.
17, rue du 22-Novembre (mit
Restaurant im 1. Stock) ■ D 10, S. 113
52, rue du Vieux-Marché-aux-
Poissons ■ E 11, S. 113
6, rue de l'Outre (Brasserie im
Jugendstil) ■ D 10, S. 113

Geschenke

Paprika ■ C 11, S. 112
Küchentücher, Mützen, Uhren und
Untersetzer mit Katzen-Motiven sind
die Spezialität dieses Geschäfts.
Hübsch und aus eigener Werkstatt
sind auch der rustikale Wandschmuck
und die Figuren aus Salzteig.
1, rue du Fossé-des-Tailleurs

Käse

In Frankreich gibt es 400 verschiedene Käsesorten; aus dem Elsass kommt
der stark riechende Münsterkäse,
rund und rot, dessen Reifegrad man
mit leichtem Daumendruck über-
prüft. Er ist gerade richtig, wenn der
Daumendruck gleich wieder ver-
schwindet. In den kleineren **fromageries** wird man individuell beraten:

Au Bec Fin M ■ E 11, S. 113
8, rue des Orfèvres

Au Vieux Gourmet ■ E 11, S. 113
3, rue des Orfèvres

Fromagerie des Tonneliers
■ E 11, S. 113
32, rue des Tonneliers

Für Kinder

Le Bilboquet M ☆☆ ■ D 11, S. 113
Bietet originelles und buntes Spielzeug aus Holz und anderen Materiali-
en, aber auch Einrichtungsgegenstände für Kinderzimmer und Geschenke,
Teddybären und viele Spiele.
1, rue de la Lanterne

Lapin Bleu ■ D 11, S. 113
Die Auswahl an Spielzeugen ist groß:
Puzzle-Spiele, Autos und Schiffe in
originellem Design.
9, rue des Serruriers

L'Oeilande M M ■ C 10, S. 112
Bietet schönes Spielzeug aus Holz
und anderen Materialien, aber auch
Einrichtungsgegenstände für Kinderzimmer, bunt und sehr originell.
116, Grand' Rue

Kinoplakate

Poster Galerie ■ E 10/E 11, S. 113
Führt Poster und Szenenfotos alter
und neuer Kinofilme in allen Größen.
19, rue des Orfèvres

Lebensmittel

In den **Galeries Gourmandes** gibt es
ein großes und qualitätsorientiertes
Angebot an Lebensmitteln.
Einkaufszentrum Centre Halles,
pl. des Halles ■ C 9, S. 112

Lederwaren

Lancel M ■ D 10, S. 113
Im Erdgeschoss elegante Handta-
schen und Handkoffer, im ersten
Stock Koffer und kleine Artikel.
Ein bei den Straßburgern sehr beliebtes Geschäft.
9, pl. Kléber

Menzer ■ D 10, S. 113
Hier finden Sie eine beeindruckend
große Auswahl an Lederwaren von
der Schlüsseltasche bis zum Reise-
koffer zu relativ akzeptablen Preisen.
69, rue des Grandes Arcades

Vuitton ■ D 10, S. 113
Der berühmte Koffermacher bietet
sehr feine Qualität und Verarbeitung,
dabei darf man jedoch nicht auf die
Preise schauen.
5, rue de la Mésange

Märkte

Flohmarkt M ■ E 11, S. 11
Hier können Sie alte Truhen, Möbel,
Bilder, Bücher und Kurioses wie auf-
gefrischte Hemden aus altem Leinen
erstehen.
Pl. de la Grande-Boucherie; Mi und Sa
9–18 Uhr

Weihnachtsmarkt M M 🎎 ■ E 10, S. 113
Der »Christkindelsmärik«, einer der
ältesten Europas, ist bekannt für seine Fülle an Baumschmuck und qua-
litätskontrolliertem Kunsthandwerk.
Pl. Broglie; 1.–24. Dez.

Wochenmarkt
Marché du Boulevard de la Marne
■ E 14/E 15, S. 115
Dieser beliebte Wochenmarkt gehört
zu den Treffpunkten der Stadt und
bietet von Trüffeln bis zum halben
Zicklein größte Auswahl an
Lebensmitteln, Bio-Kost direkt vom
Bauern, preiswerte Gänseleber,
außerdem noch Korbwaren und
Küchenartikel.
Bd. de la Marne; Bus 2, 12 und 15;
Di und Sa 8–13 Uhr

Mode

Die größte Auswahl an Mode-Bou-
tiquen für Damen und Herren unter
einem Dach findet man im Einkaufszentrum **Centre Halles**. Außerdem:

Cleone ■ E 11, S. 113
Große Auswahl an Abend- und
Tagesgarderobe, einfallsreich, aber
nicht gerade preiswert.
19, rue des Hallebardes

Max Mara M ■ D 10, S. 113
Große Auswahl, jugendliche Stilrich-
tung, man findet hübsche Ensembles, manchmal auch preisgünstige
Angebote.
18, rue des Grandes Arcades

Redoute ■ D 10, S. 113
eidung für Kinder, Damen und Herren
außerordentlich günstigen Preisen.
rue de la Haute-Montée

arfümerien

üfte für den Herrn und die Dame
ind im großen Warenhaus **Centre**
alles (pl. des Halles) erhältlich. Eine
roße Auswahl an Düften bieten auch
ie Warenhäuser **Magmod** (Pl. Kléber)
nd **Printemps** (Rue de la Haute-
Montée). Im Fachgeschäft beraten
assen kann man sich bei:

L'Occitane  ■ C 10, S. 112
Hat eine große Auswahl an Duft-
noten aus der Provence, Seifen, Öle,
Kosmetika und besondere Haar-
waschmittel mit Naturprodukten.
Allein der Duft im Laden lohnt den
Besuch.
90, Grand' Rue

Zimmer ■ E 10/E 11, S. 113
Die gediegene Parfümerie hat noch
eine Zweigstelle in der Rue Boston.
12, rue des Orfèvres

Postkarten

Recto-Verso ■ B 11, S. 112
Hier werden Sammler fündig. Das Angebot umfasst 100 000 Postkarten
von 1890 bis heute mit Motiven aus
der Region und aller Welt.
3, pl. Henri Dunant

Porzellan und Keramik

Husser ■ E 11, S. 113
Hier findet man wunderschön ziselierte Weingläser, Porzellan, Besteck,
Sammlerstücke von Lalique und Daum
sowie sachkundige Beratung.
6–8, rue des Hallebardes

Schmuck

Jaquot ■ E 10, S. 113
Bietet das Feinste vom Feinen,
Armbanduhren und Schmuck in Gold,
Silber und mit Brillanten, Manschet-

Zweimal wöchentlich findet am
Boulevard de la Marne ein
großer Wochenmarkt statt.

tenknöpfe, Feuerzeuge und wertvolle Schreibwerkzeuge.
10, rue du Dôme

Schokolade

Au Doux Pays de France M M
■ E 10, S. 113
Wie in fast allen Confiserien und Schokoladengeschäften Straßburgs stammen auch hier die Leckereien aus eigener Herstellung. Straßburger schwärmen von diesem Schokoladen-Geschäft, das seit 1923 in Familienbesitz ist. Die gefüllten Trüffel, Marzipanbrote und Pralinen sind frisch und einzigartig im Geschmack. Die süßen Köstlichkeiten werden auf Wunsch auch verpackt und sind deshalb ein vorzügliches Mitbringsel.
5, rue du Dôme

MERIAN-Tipp

Cave historique des Hospices de Strasbourg In diesem mittelalterlichen Weinkeller des Städtischen Krankenhauses reifen erlesene Tropfen in historischen Eichenfässern. Man kann das kühle Kellergewölbe besichtigen und dabei Weine aus dem Elsass und anderen Regionen kaufen. Die Führungen geben Einblick in die Geschichte der Gewölbe und über die Restaurierung der 60 Fässer. Der älteste Rebsaft des Kellers ist ein goldgelber Elsässer Weißwein aus dem Jahr 1492, der immer noch trinkbar ist. 1, pl. de l'Hopital; Tel. 03 88 11 64 50; Straßenbahn Porte de l'Hopital
■ E 12, S. 113

Souvenirs

Töpferwaren aus Betschdorf und Soufflenheim gehören zu den qualitativ hochwertigen Mitbringseln. Keramik und Kunstgewerbe aus dem Elsass, Weingläser und Trachtenpuppen mit dem Gütesiegel »Souvenir de France Alsace Authentique« sind in Handarbeit hergestellt.

La Hulotte ■ C 11, S. 112
Große Auswahl an bemalter Keramik und wunderhübschen kleinen Dekorationsstücken: von witzigen Tierfiguren bis zu winzigen elsässischen Bauernhäusern.
17, rue du Bain-aux-Plantes

Poteries et Grès d'Alsace M M
■ E 11, S. 113
Ein Spezialgeschäft für handbemalte Keramik und Steingut nach elsässischer Tradition.
3, rue des Frères

Tomi-Ungerer-Boutique M
■ A 6, S. 110
T-Shirts, Briefpapier, Poster, Postkarten und Weinflaschen mit den fröhlich-frechen und immer originellen Zeichnungen von Tomi Ungerer gibt es hier exklusiv. Vorherige telefonische Anfrage wegen wechselnder Öffnungszeiten empfehlenswert.
Palais de la Musique et des Congrès; av. Schutzenberger, Eingang Schweitzer; Bus 6; Tel. 03 88 37 67 67; Mo–Fr 10–12 und 14–17 Uhr;

Stoffe

Madura ■ E 11, S. 113
Große Auswahl an Dekorations- und Möbelstoffen mit sachkundiger Beratung. Die angebotenen Farben und Muster werden exklusiv für dieses Geschäft entworfen und stellen auch anspruchsvolle Kunden zufrieden.
25, rue des Hallebardes

ule Marrot M ■ C 10, S. 112

ößter Stoffladen in der Stadt mit
ginell gemusterten Stoffen für
eidung und Möbel und gelegentlich
emlich günstigen Sonderangebo-
n.

, rue du 22-Novembre

äsche

roße Auswahl in den Warenhäusern
Magmod, **Printemps** und im Ein-
aufszentrum **Centre Halles**, wobei
as Preisniveau über dem deutschen
egt. Außerdem:

a Lingerie ■ D 11, S. 113

ietet hübsche Modelle und sach-
undige Beratung zu akzeptablen
Preisen.

, rue du Vieux-Marché-aux-Grains

Warenhäuser

Centre Halles ■ C 9, S. 112

130 Boutiquen auf 36 500 qm mit un-
terirdischen Parkplätzen, zwei Ho-
tels, Schnellimbissen, Cafés, Fernost-
Läden, Oberbekleidung, Schuhen,
Parfümeriewaren, Dessous und dem
Feinkost- und Weinmekka **Galeries
Gourmandes**.
Pl. des Halles, Quai Kléber; Mo–Fr 9–20,
Sa 9–18 Uhr

Nouvelles Galeries Magmod M
■ C 10, S. 112

Über vier Etagen werden Parfüm und
Kosmetika, Bekeidung, Lederwaren
und Nahrungsmittel angeboten. Die
Auswahl ist groß und von guter Qualität, und das Geschäft ist selten
überlaufen.
34, rue du 22-Novembre

Printemps ■ D 10, S. 113

In diesem Einkaufszentrum be-
kommen Sie fast ausschließlich französische Waren.
1–5, rue de la Haute-Montée; tgl. außer So
9–19 Uhr

Weine

Besonders gute Jahrgänge für Elsässer Riesling, Sylvaner, Pinot oder
Gewürztraminer sind 1985, 1983 und
1981. Wem Champagner zu teuer ist,
der kann vertrauensvoll einen
»Crémant d'Alsace« kaufen, den
regionalen Schaumwein. Sehr zu
empfehlen ist eine der zahlreichen
Weinproben in der Umgebung Straßburgs. Fragen Sie in der Touristeninformation nach aktuellen Adressen
und Telefonnummern von Weinkel-
lern. In einer Entfernung von einer
halben Autostunde finden sich zum
Beispiel im südwestlich gelegenen
Boersch die **Caves du Domaine
Schaetzel 1722** (Tel. 02 88 95 83 33).
Aber auch der Weinkeller
G.A.E.C Mosbach in Marlenheim
(Tel. 03 88 87 50 13) liegt nur etwa
20 km westlich von Straßburg. Nahe-
zu alle Keller bieten Weinproben in
deutscher Sprache.

Galeries Gourmandes ■ C 9, S. 112
Centre Halles, Quai Kléber

Nicolas ■ E 10/E 11, S. 113
Kenner, die etwas Besonderes für
festliche Stunden suchen, werden
hier individuell beraten. Nonplus-
ultra: Champagner mit Jahrgang.
18, rue des Orfèvres

La Sommelière ■ E 10, S. 113
Feine Weine aus Frankreich und aus-
gewählte Schnäpse (**eaux-de-vie**).
Überdies erhalten Sie hier auch eine
Beratung, welche Weine perfekt zur
Straßburger Spezialität **foie gras**
passen.
7, place du Marché Neuf

Savour club ■ F 17, S.117
In der Nähe des Place de l'Etoile gelegen, bietet dieser große Weinkeller
ein umfassendes Angebot an Weinen
der Region.
5, quai du Général König

Ob Theater oder Jazzkneipe,

Straßburg bietet für jeden etwas. Vor allem im Sommer herrscht reges Nachtleben rund um Münsterplatz und Altstadt.

Obwohl es auf den ersten Blick nicht so aussieht: In Straßburg ist viel »los«. Nur man muss Bars und Diskotheken gezielt ansteuern und kann sich nicht darauf verlassen, beim Gang durch die Gassen zufällig ein nettes Lokal zu entdecken. In der bürgerlichen Stadt Straßburg gibt es kein eigentliches Amüsierviertel. Bars und Diskotheken liegen verstreut in der ganzen Stadt, nur im Altstadtviertel Krutenau und in einigen Straßen hinter der Kathedrale in der Nähe der Place Saint-Etienne liegen mehrere Lokale beieinander. Allerdings empfiehlt es sich, nicht zu früh loszuziehen. Vor 23 Uhr ist nirgendwo Stimmung. Die Straßburger gehen abends in erster Linie ins Restaurant, ins Kino oder zu Musikveranstaltungen und danach erst in Bars oder Diskos. Offizielle Sperrstunde ist 3.30 Uhr, danach wird hinter verschlossenen Türen weitergefeiert.

Wer das **Kino** liebt, kommt hier auch auf seine Kosten. Neue Filme aus den USA kommen in Frankreich generell früher in die Kinos. Die Preise schwanken zwischen 4,50 € (Nachmittagsvorstellungen und am Montag) und 9 € (Abendvorstellungen). Die größten Kinos liegen nahe der Place Kléber.

Musik und Theater

Höhepunkte der Klassik und Moderne sind das Straßburger Musikfestival und das Festival für zeitgenössische Kunst. Daneben führt das **Philharmonische Orchester** (Orchestre Philharmonique de Stras-

bourg) regelmäßig Konzerte mit bekannten Solisten auf. Die **Rheinoper** (Opéra du Rhin) wurde 1972 von den drei Städten Straßburg, Colmar und Mülhausen als erste regionale Oper Frankreichs geschaffen. Die Gemeinschaftsproduktionen sind nach der Premiere in allen drei Städten zu sehen. Das Repertoire des **Ballett-Ensembles** (Le Ballet du Rhin) mit 40 Tänzerinnen und Tänzern ist auf beliebte Klassik wie »Schwanensee« und »Dornröschen« ausgerichtet. Hochgeschätzt bei Musikliebhabern sind die Kammermusikabende in der Oper oder anderen Aufführungsorten, wo Studenten der Musikhochschule und Gastensembles auftreten. Auch in den verschiedenen Kirchen der Stadt (im Münster und in der Kirche Saint-Thomas auf der Silbermann-Orgel) finden **Orgelkonzerte** mit Werken von klassischen, aber mitunter auch modernen Komponisten statt.

Bekannte Jazz-, Pop- und Rockgruppen machen gelegentlich in Straßburg Station, wenn auch die ganz großen Namen Paris natürlich den Vorzug geben. Aufführungsorte sind die Messehallen Wacken, Hall Tivoli oder Hall Rhénus.

Im Mittelpunkt des Straßburger **Theaterlebens** stehen die Darbietungen des Théâtre National de Strasbourg (TNS). Daneben gibt es beachtliche kulturelle Angebote – Sprachkenntnisse vorausgesetzt! Lassen Sie sich einen Abend im Restaurant-Theater **La Choucrouterie** (Sürkrütstub) des Sängers Roger Siffer nicht entgehen. Das ist elsässische Kulturszene live!

ars

Academie de la Bière M
■ B 10, S. 112

Nette Bar für Biertrinker, die aus
sage und schreibe 75 ausländischen
Sorten auswählen können. Das Ambiente mit Nischen und Fachwerkbalken ist rustikal-sympathisch. Das Lokal liegt etwas versteckt am Rand der
Altstadt.
7, rue Adolphe Seyboth; tgl. 11–4 Uhr

Les Aviateurs
■ F 11, S. 113

Direkt im Zentrum hinter der Kathedrale gelegen, gehört Les Aviateurs zu
den beliebtesten Bars der Stadt. Das
Lokal wird gern von Singles besucht.
Das Publikum ist zwischen 20 und 30
Jahre alt.
12, rue des Sœurs; tgl. 18–4 Uhr

Au Cammionneur
■ B 9, S. 112

Stimmung und Musik sind hier eigentlich immer gut. Die Auswahl an Biersorten ist beachtlich, außerdem können Rot-, Weiß- und Roseweine glasweise gekostet werden.
14, rue Georges Wodli; Mi–Sa 19–4 Uhr

L'Elastic M
■ F 12, S. 113

Hauptsächlich Studenten kommen in
diese kombinierte Bar/Disko mit kleiner Tanzfläche im Untergeschoss.
Die Getränke sind nicht zu teuer.
Teils außergewöhnliche Musik, aber
auch Afro, Techno, Disco und Reggae.
27, rue des Orphelins; Mo–Do 16–3, Fr und
Sa 16–4 Uhr

Le Festival
■ A 15, S. 114

Geräumig und gepflegt, in lauen
Sommernächten herrscht auch auf
der Terrasse Hochbetrieb.
Rue Sainte-Catherine, Krutenau; tgl. 18–3
Uhr

La Java
■ F 10, S. 113

Beliebter Treffpunkt von Studenten,
die sich im Erdgeschoss und im Untergeschoss gut amüsieren können.
Die Drinks sind gut, die Musik ist abwechslungsreich, aber vor Mitternacht kommt kaum Stimmung auf.
6, rue du Faisan; tgl. 9.30–3.30 Uhr

Key West Bar
■ A 15, S. 114

Die Bar mit angeschlossenem Restaurant ist in tropischem Stil eingerichtet
und erinnert an Ernest Hemingway.
Das Publikum ist mittleren Alters und
intellektuell. Die Drinks sind kühl,
und bis 1 Uhr nachts gibt es warme
Küche.
9, quai des Pêcheurs; Mo–Sa 11–3 Uhr

Le Perroquet Bleu
■ F 11, S. 113

Nette und immer gut besuchte Bar.
In den Sommermonaten sitzt man
gern auf der schönen Terrasse und
schlürft Cocktails.
13, rue des Sœurs; tgl. 18–3 Uhr

Le Point de Mire
■ B 15, S. 114

Das Publikum in dieser Studenten-Bar ist jung, entspannt und meistens
gut gelaunt. Hier kennt man sich,
man kommt aber auch leicht mit dem
Thekennachbarn ins Gespräch. Im
Sommer sitzt man gemütlich auf der
Terrasse.
4, pl. Saint-Nicolas-aux-Ondes, Krutenau;
tgl. 8–4 Uhr

Le Saxo M
■ E 11/F 11, S. 113

Sehr sympathische und nett eingerichtete Bar, die zwar gut besucht,
aber selten überlaufen ist. Wird von
jungen und jung Gebliebenen Stammgästen frequentiert.
8, rue des Frères; Mo–Sa 12–3 Uhr

Seven
■ E 11, S. 113

Das geräumige schicke Lokal steht
bei der gut situierten Handy-Jugend
zur Zeit hoch im Kurs. In drei großen
Sälen ist viel Platz, und auf dem Marmortisch tanzen schon mal die
Mädchen, wenn die Musik besonders
heiß ist.
25, rue des Tonneliers; tgl. ab 18 Uhr

Le Trou M ■ F 12, S. 113
Sympathisches Kellerlokal mit guter
Stimmung und einem abenteuer-
lustigen Wirt, der schon die Chinesi-
sche Mauer entlangmarschiert ist.
5, rue des Couples (nähe Rabenbrücke);
tgl. 20–3 Uhr

Le Waikiki ■ C 10/D 10, S. 112
Hier gibt es Rum-Cocktails in allen
Variationen.
6, pl. de l'Homme-de-Fer (Treppe hoch);
tgl. 17–1 Uhr

Diskotheken

Le Bambou ■ c 3, S. 87
Kleine Disko mit südlichem Ambiente
und heißen Rhythmen. Publikum aller Altersgruppen.
366, route de la Wantzenau (neben Le
Chalet); Do–Sa 22–4 Uhr; Eintritt 12,20 €

MERIAN-Tipp

Chez Judicaelle Diese Bar ist
nicht nur selbst schick, sie
wird auch von schicken Leuten
aller Altersgruppen frequentiert. An der langen Theke
kommt man leicht ins Ge-
spräch, und wer Hunger hat,
bekommt im vorderen Teil der
Bar bis 1 Uhr morgens kleine
Gerichte serviert. Je nach Laune setzen sich Amateur- oder
Jazzmusiker ans Klavier, und
auch die talentierte Wirtin
greift gelegentlich zum Mikro-
phon. Le Bouchon liegt auch
ausgesprochen günstig. Im
Sommer kann man bei einem
Glas Wein oder Champagner
rosé auf der Terrasse sitzen. 6,
rue Sainte-Catherine, Krutenau; Mo geschl., ab 19 Uhr
geöffnet ■ A 15, S. 114

Colysee ■ c 3, S. 8
Diese riesige Disko 15 km nördlich
von Straßburg erkennt man schon
von weitem an der Laser-Bestrah-
lung. Innen gibt es eine kleine Disko
und einen großen Saal, wo je nach
Wochentag Walzer-Abende mit Orchester oder Techno, Reggae und
Dance geboten werden. Im Restaurant gibt es kleine Gerichte.
Route de Mommenheim (Autobahn Richtung Paris, Ausfahrt Mommenheim);
Mi–So 21–4 Uhr; Eintritt ab 7 €

Le Feeling ■ C 9, S. 112
Tropisch ist das Ambiente dieser
Disco ebenso wie die Musik –
Reggae und schwarze Rhythmen.
19, rue du Marais-Vert; So–Sa 20–5 Uhr;
Eintritt 9,20 €

La Peniche ■ B 11, S. 112
Der Rheinkahn ist Treffpunkt von
Yuppies, die gute Laune mitbringen
und bis in die frühen Morgenstunden
die Tanzfläche bevölkern.
Terrasse Panoramique, Ponts Couverts;
Fr–So 23–5 Uhr; Eintritt 15,30 €

Planet Fête M ■ c 3, S. 87
Größte Disco Ostfrankreichs (1 600
qm) mit zwei Diskotheken (Solitair's
Club mit Standardtänzen für über 25-
Jährige), Restaurant, Pizzeria, Café
und einem Spielsaal für feiner ange-
zogene Leute (keine Jeans und Turn-
schuhe). Animationsabende, viel Publikum aus den umliegenden Dörfern.
376, route de la Wantzenau (4 km nordöstlich vom Zentrum in Richtung La Wantzenau);
Di–Sa 22–3 Uhr; Eintritt 14 €

Le Retro ■ C 9, S. 112
Die fetzigste In-Disko der Stadt mit
Schicki-Micki Publikum zwischen
20 und 50, Animations-Shows, Licht-
spielen und guter Musik.
24, pl. des Halles; Fr–Sa 22.30–4 Uhr;
Eintritt 12,20 €

*Oben: Im Sommerhalbjahr finden
regelmäßig Konzerte
an verschiedenen Plätzen
der Altstadt statt.*

*Mitte: Die 1972 ins Leben gerufene
Rheinoper, die Opéra du Rhin,
braucht internationale Vergleiche
nicht zu scheuen (→ S. 68).*

*Unten: Wer in Straßburg abends
noch ein Glas trinken möchte, hat
die Qual der Wahl ...*

La Salamandre ■ A 15, S. 114
Keine Disko im herkömmlichen Sinn, eher ein Klub mit großer Tanzfläche. Das musikalische Angebot reicht von Walzer und Tango bis zu Salsa und Acid-Rock.
3, rue Paul Janet, Krutenau; Mi–Fr 18–1.30 Uhr, Sa und So bis 3 Uhr; Eintritt 4,60 €

Le Sous-Sol ■ D 11, S. 113
Montags nur für nette Jungs reserviert. Man steigt die Treppe hinab und lässt sich – auch an den übrigen Hetero-Abenden – von dem techno-versierten DJ oder den Getränke-Mixern in Stimmung bringen.
1, rue du Miroir; tgl. 22–4 Uhr

Jazzkneipen und Lokale

Bateau Bar Alesia M ■ A 15, S. 114
Auf dem geschmackvoll eingerichteten Kahn am Quai werden 70 Biersorten aus elf Ländern ausgeschenkt, die man mit Blick auf das Wasser genießen kann. Im Sommer werden auch kleine Mahlzeiten angeboten.
Quai des Pêcheurs; tgl. 14 –1 Uhr

Bistro-Piano-Bar ■ E 11, S. 113
Sympathische Jazzkneipe, die für ihre interessanten Mixgetränke berühmt ist. An den Wochenenden finden hier oft Live-Konzerte statt.
30, rue des Tonneliers (nähe pl. Gutenberg); tgl. 17–3 Uhr

Le Griot M ■ E 10, S. 113
Jazzkneipe mit Blues- und Karibik-Klängen, wo schnell eine gute Stimmung entsteht. Das Publikum umfasst je nach Tages- oder Nachtzeit Altersklassen zwischen 20 und 40. Im Sommer kann man auch draußen sitzen. Zur abendlichen Cocktail-Stunde gibt es gelegentlich das zweite Glas gratis.
6, Impasse de l'Ecrevisse

L'Oignon ■ C 11, S. 11
Uriger Treffpunkt für hungrige Nachtschwärmer, die nach Mitternacht Lust auf die berühmte Zwiebelsuppe des Lokals haben.
Rue des Moulins, La Petite France; tgl. 24–8 Uhr

Opéra Café ■ E 10, S. 11
Dieses Lokal ist nachmittags und abends gleichermaßen interessant. Nach dem Theaterbesuch lässt es sich bei einem perligen Glas Crémant besonders gut plaudern.
Pl. Broglie; tgl. 11–3 Uhr, So ab 14 Uhr

Kinos

Le Club ■ C 10, S. 112
Filmkunsttheater mit 5 Sälen und insgesamt 660 Plätzen. Sehr viele neue Filme werden in Originalversion mit französischen Untertiteln gezeigt, auch viele Klassiker. Oft lange Warteschlangen.
32, rue du Vieux-Marché-aux-Vins

Odyssée ■ D 11, S. 113
In diesem Programmkino werden Filme in Originalversion und Retrospektiven west- und osteuropäischer Filmemacher gezeigt.
3, rue des Francs-Bourgeois

Pathé-Brumath
Kinozentrum mit 12 Sälen auf 10 000 qm mit Restaurants, Snack-Bar und großem Parkplatz. Nach dem Kino kann man – wenn man Lust hat – gleich weiterziehen in die Disko Colysee (→ S. 66) nebenan.
Industrie-Zone Brumath (15 km nördlich von Straßburg, Autobahn in Richtung Paris, Ausfahrt Mommenheim)

Le Vox ■ D 11, S. 113
Supermodernes Kinozentrum im amerikanischen Stil mit fünf Sälen und 1100 Plätzen über mehrere Etagen. Hochburg neuer und kom-

erzieller Streifen. Sie müssen mit
artezeiten rechnen.
rue des Francs-Bourgeois

onzerte und Oper

'Opéra du Rhin

pern werden entweder im Théâtre
lunicipal (Städtisches Theater)
der im Palais de la Musique auf-
eführt.

héâtre Municipal   ■ E 10, S. 113
9, pl. Broglie; Tel. 03 88 75 48 23;
(artenvorverkauf: Mo–Fr 10–12.30, und
6–19 Uhr

Palais de la Musique et
des Congrès   ■ A 6, S. 110
Av. Schutzenberger; Tel. 03 88 37 67 67
Kartenverkauf für Gastspiele und Sonder-
konzerte:
Musikhaus Wolf   ■ D 10, S. 113
24, rue de la Mésange; Tel. 03 88 32 43 10
FNAC   ■ D 10, S. 113
Pl. Kléber; Di–Sa 10–19 Uhr; Tel.
03 88 52 21 21

Theater

Centre Culturel »Le Maillon«
westlich ■ A 10, S. 112
Das Kulturzentrum der Stadt Straßburg existiert seit 1978 und bringt
jedes Jahr über 300 Veranstaltungen
auf die Bühne. Dem Programm sind
keine Grenzen gesetzt: Theater, Kon-
zert und Kino gehören dazu, Klassik
und Avantgarde ebenso wie sowjetische Filmreihen, indische Tanzvor-
stellungen und Wettbewerbe französischer Regionaltheater. Der Theatersaal hat 600 Plätze, die Preise
schwanken je nach Veranstaltung
zwischen 14 und 18 €.
13, pl. André Maurois, Strasbourg-Haute-
pierre (südliche Autobahn in Richtung
Colmar, Ausfahrt Hautepierre); Tram 1
Reservierungen und Auskünfte:
Centre Culturel
Mo–Sa 10–19 Uhr; Tel. 03 88 27 61 81

Le Cheval Blanc   ■ c 3, S. 87
Das »Weiße Rössl« im Vorort Schiltigheim ist Bierstube und Experimen-
tierbühne zugleich. In dem hübschen
Theatersaal mit 170 Plätzen wird
eine breite Palette von Regionalkultur angeboten; neben Theater
und Tanz auch Kabarett, Chansons,
Jazz oder Kammermusik. In der
traditionell eingerichteten Bierstube
nebenan kann man zu kleinen
Gerichten die Produkte der vier
Schiltigheimer Brauereien durchprobieren, die die Nachbargemeinde
Straßburgs zur »elsässischen Bier-
hauptstadt« gemacht haben.
25, rue Principale, 67300 Schiltigheim;
Bus 4, 14, 24
Auskünfte und Reservierungen:
Tel. 03 88 83 84 85; Eintritt etwa 12 €

La Choucrouterie   ■ D 12, S. 113
Das kleine Theater, in einer ausgedienten Sauerkrautfabrik untergebracht, verdankt seinen Erfolg dem
unermüdlichen Engagement des hei-
seren Lokalbarden Roger Siffer. Zusammen mit seinen singenden und
schauspielernden Freunden der Lo-
kalszene ist er zum Inbegriff des elsässischen Humors geworden.
Als Germain Müller mit seinem
legendären Kabarett **Barabli** von der
Bühne trat, wurde Roger sein würdi-
ger Nachfolger. Der Liedermacher,
der zunächst vergessene elsässische Weisen aufmöbelte und auf
zahlreichen Plattenaufnahmen festgehalten hat, wurde zum Theaterdi-
rektor.
In der **Sürkrütstub** treten lokale
Theater- und Musiktruppen und
Ensembles anderer französischer
Regionen auf. Die Programme bestehen aus Chansons, Sketchen und
Kabarett, manchmal auf Elsässisch,
auf Deutsch oder auf Französisch
oder in allen drei Sprachen. Gefördert wird jede Regionalkultur,
auch die der Basken und Bretonen.
Wo andere Kulturverantwortliche

allerdings nur von der Erhaltung der Regionalsprache reden, da setzt Roger Siffer sie in die Tat um. Zum zehnjährigen Bestehen 1993 wurde Bilanz gezogen. Zu den bis dahin aufgeführten 2500 Theaterstücken kamen mehr als 100 000 Besucher, die sich zumeist königlich amüsierten. Was der Sauerkrautstube an Finanzmitteln fehlt, ersetzen die Mitarbeiter durch Engagement und guten Willen. Das mit Abstand erfolgreichste Stück seit Eröffnung des Theaters war die satirische und witzige Show »Nous sommes tous des Juifs Alsaciens« (Wir sind alle elsässische Juden), in der sich die Truppe über alles lustig machte, was den Regionalcharakter ausmacht. Der Titel der Show ist in Straßburg sogar zum geflügelten Wort geworden. Gewiss, das Theater ist klein, und auf der Bühne ist auch nicht viel Platz, aber diese familiäre Atmosphäre macht gerade den Charme der Choucrouterie aus.

Straßburger Lebensphilosophie vermittelt der Bäcker von nebenan, Louis Fortmann, der (fast) wahre elsässische Geschichten auf elsässisch erzählt. Nach der Vorstellung trifft man sich im Restaurant der Choucrouterie zum deftigen Mahl in fröhlicher Runde. Weil Roger ein Herz für Minderheiten hat, kommen gelegentlich auch die Zigeuner vom Stadtrand mit ihren Gitarren vorbei.
20, rue Saint-Louis, Finkwiller
Auskünfte:
Tel. 03 88 36 07 28; Mo geschl.

Jugendtheater (Théâtre Jeune Public/TJP) 👫👶

Das Jugend- und Kindertheater in Straßburg hat auch im kulturell aufgeschlossenen Frankreich Seltenheitswert. Umso mehr ist das auf internationale Zusammenarbeit mit anderen Theatern ausgerichtete Konzept des Hauses bemerkenswert. Unter der Leitung des ehemaligen

Schauspielers André Pomarat werden pro Jahr etwa 400 Vorstellungen für Kinder aller Altersgruppen, Familien und jung gebliebene Erwachsene gegeben. Neben Eigenproduktionen kommen in den zwei Häusern des Jugendtheaters zahlreiche Stücke auswärtiger Ensembles zur Aufführung. Zudem treten jedes Jahr aufs Neue internationale und nationale Puppentheater mit ihren aktuellen Programmen im Haus auf. Auch für Erwachsene absolut lohnend und stets einen Besuch wert. Auf dem Programm stand bereits die Geschichte des Struwwelpeters, eine Kinder-Version von Mozarts »Zauberflöte« und für die Älteren Stücke von Lewis Carroll und Dario Fo.
Auskünfte und Reservierungen:
TJP Petite Scène ■ C 11, S. 112
1, rue du Pont Saint-Martin, La Petite France

TJP Grande Scène ■ B 15, S. 114
7, rue des Balayeurs; Tel. 03 88 35 70 10; Eintritt bis 14 €

Théâtre Alsacien ■ D 2, S. 113

Das Elsässische Theater ist der Vorläufer aller Dialekt-Truppen und wurde 1898 gegründet. Seitdem die Regionalkultur wieder stärkere Bedeutung erlangt hat, erfreut sich das Theater immer größerer Beliebtheit. Heute wird es nicht nur von alten Leuten besucht, sondern auch von jungen Elsässern und vielen Touristen. Auf dem Programm stehen vorwiegend heitere, mit derbem Humor gewürzte Bauerngeschichten – in reinstem Elsässisch, versteht sich. Von Verständigungsschwierigkeiten abgesehen, eignet sich ein Besuch vorzüglich für regionale Mentalitätsstudien.
1200 Plätze
Auskünfte und Reservierungen:
Théâtre Municipal
Pl. Broglie; Tel. 03 88 75 48 23

...éâtre National de Strasbourg
..NS)  ■ F 10, S. 113

..s TNS mit seiner renommierten
..hauspielschule bringt jedes Jahr
..ne Reihe bemerkenswerter
..euaufführungen heraus, zu denen
..ch deutsche Stücke (in französi-
..her Übersetzung) gehören. Auch
..efeierte Schauspieler wie Jeanne
..oreau und Gérard Depardieu sind
..n TNS schon aufgetreten, worauf
..ie Elsässer sehr stolz sind. Sie
..ssen sich keine Gelegenheit entge-
..en, um dies zu betonen. Das TNS
..t die einzige Provinzbühne Frank-
..eichs, die vom Staat mit einem fes-
..en Etat subventioniert wird. Die Di-
..ektion ist ständig darum bemüht,
..rischen Wind in die regionale Thea-
..erszene zu bringen. Mit großem
..Erfolg: Das TNS ist gut besucht und
..veit über die Grenzen Straßburgs
..und des Elsass hinaus bekannt. Das
..Programm reicht von Marivaux und
..Goldoni über Strindberg und Lorca
..bis hin zu Stücken von Beckett und
..Heiner Müller. Um jedoch die wun-

derschöne, blumige Bühnensprache
der Franzosen richtig genießen zu
können, sind gute Sprachkenntnisse
erforderlich – es sei denn, man
möchte sich einzig am Klang der
Worte berauschen.
Auskünfte und Reservierungen:
1, rue André Malraux; Tel. 03 88 24 88 00
Vorverkauf an der Kasse av. de la
Marseillaise; Mo–Fr 10–12 und 15–19 Uhr;
Eintritt zwischen 12 und 24 €

*Wer sich für elsässische Folklore interes-
siert, sollte die Tanzdarbietungen im Palais Rohan nicht versäumen.*

Machen Sie es in Straßburg wie die Franzosen: Nehmen Sie einfach Ihre Kinder mit, wenn Sie zum

Kinder dürfen in Straßburg problemlos dorthin mitgehen, wo die Eltern gerne hinwollen. Aber es gibt auch viele Attraktionen speziell für Kinder.

Essen oder am Abend in ein Lokal gehen. Kinder sind fast überall gerne gesehen. Das gilt für Restaurants, Hotels und auch für Museen. Oft stellt man sich auch ganz besonders auf Kinder ein. Während der unregelmäßigen Ausstellungen der verschiedenen Museen werden zum Beispiel häufig spezielle Räume für Kinder eingerichtet, wo den Kleinen Kunst auf kindgerechte Weise nahegebracht wird. Informationen zu Ausstellungen erhalten Sie beim Verkehrsamt. Eine weitere kulturelle Attraktion für Kinder und Jugendliche sind die beiden Kinder- und Jugendtheater der Stadt. Tierliebende Kinder werden sich über einen Besuch im Park der Orangerie freuen, wo sie in einem kleinen Zoo Affen, Ziegen und anderes Kleingetier beobachten können. Auch ein Besuch des Pferdezuchtzentrums lohnt sich wegen der Vielfalt der Pferderassen.

Foire Saint-Jean
■ C 6/D 6, S. 114/115
Im Juli bietet dieser große Jahrmarkt zwei Wochen lang zahlreiche Vergnügungen mit Riesenrad u. v. a. m.
Messegelände Wacken; Bus 6

Jugendtheater (TJP)
In den zwei Häusern dieses Jugend- und Kindertheaters werden 400 Vorstellungen für Kinder aller Altersgruppen gegeben. Neben Eigenproduktionen gastieren auch Theatergruppen aus anderen Landesteilen oder aus dem Ausland. Zu sehen sind Bühnenfassungen von Andersens Märchen etwa oder auch »Hänsel und Gretel«. Die Bühnensprache ist Französisch (Auskünfte und Reservierungen S. 70).

Musée Zoologique
■ C 15, S. 11
Hier sind ausgestopfte Säugetiere, Fische, Reptilien, Insekten und Vögel aus vergangenen Zeiten und der Gegenwart zu sehen. Zu beachten sind die gelegentlichen Ausstellungen in diesem Museum, die sich mit originellen Themen befassen, z. B. der Geschichte der Schokolade oder der Entstehung des Parfüms. Nähere Auskünfte über Ausstellungen in der Broschüre »Strasbourg Actualités«, im Verkehrsamt erhältlich.
29, bd. de la Victoire; Bus 7 und 3; tgl. außer Di 10–18 Uhr; Eintritt frei

Nationales Pferdezucht-Zentrum (Haras National)
■ C 12, S. 112
Knapp 30 Pferde stehen hier ausschließlich zu Zuchtzwecken, vom schlanken Vollblut-Hengst bis zum stämmigen Ardenner-Pferd. Die kostenlose, interessante Führung dauert etwa eine Stunde.
1, rue Sainte-Elisabeth (hinter dem Städtischen Krankenhaus); Tel. 03 88 36 10 13; Tram (Porte de l'Hopital) Bus 10

Parc de l'Orangerie
■ E 8/F 8, S. 111, E 13/F 13, S. 115
In diesem Park gegenüber dem Europarat können Kinder auf dem künstlichen See Ruderboot fahren oder einige Runden mit einer Mini-Eisenbahn drehen. Außerdem gibt es einen Spielplatz und einen kleinen Zoo mit Störchen, Affen und anderen exotischen Tieren.
Av. de l'Europe; Bus 23

Planetarium ■ C 14/C 15, S. 115
Bei Filmvorführungen kann man die
Sternbilder kennen lernen. Je nach
Jahreszeit gibt es Sonderprogramme
für Kinder, im Winter beispielsweise
der astronomische Weg des Sterns
von Bethlehem.
Rue de l'Observatoire; Tel. 03 88 21 20 40;
Bus 7; Vorführungen gegen 14 und 15 Uhr;
Eintritt Erwachsene 7,60 €, Kinder 4,60 €

Pole Sud
südlich ■ E 20, S. 117
In diesem Theater für Jugendliche
und Erwachsene (330 Plätze) gibt es
neben Bühnenspektakel auch Filmvorführungen für Kinder.
1, rue de Bourgogne, Meinau;
Tel. 03 88 39 23 40; Bus 26

Weihnachtsmarkt ■ E 10, S. 113
Der Christkindelsmärik vom 1. bis
31. Dezember ist eine besondere Attraktion. Bezaubernd ist der Bummel
an den Ständen vorbei am Abend,
wenn die Lichter dem ausgestellten
Weihnachtsschmuck und Kunsthandwerk einen besonderen Glanz
verleihen. Angeboten werden
Naschwerk und Krippenfiguren und
natürlich Spielzeug, das aus Kunst-
handwerksbetrieben stammt. Wenn
es gar zu kalt wird, kann man sich
mit einem Glas Glühwein aufwär-
men. Die Tradition dieses Marktes,
der früher rings um das Münster aufgebaut wurde, reicht bis ins Mittelalter zurück. 1570 ist der Christkindelsmärik erstmals urkundlich erwähnt –
einer der ältesten Weihnachtsmärkte
Europas. Die Stadtverwaltung achtet
streng auf Einhaltung aller Qualitäts-
maßstäbe, besonders was das
Kunsthandwerk betrifft. In der Tat
findet man Schmuck oder andere
schöne Dinge, die es sonst im Handel nicht zu kaufen gibt. Die Würst-
chenbuden oder den Bierausschank
wird man vergeblich suchen.
Pl. Broglie

Kinderfreundliche Restaurants

Auch in der Gourmet-Metropole ha-
ben sich die bei Kindern beliebten
Schnellimbissketten **Quick, Flunch**
und **McDonalds** breitgemacht. Hier
werden häufig mit Pommes frites und
Hamburgern kleine Geschenke und
Spielzeuge serviert. Im Flunch in
Hautepierre etwas außerhalb des
Stadtzentrums gibt es einen Kinder-
Trampolin mit dicken Gummibällen.
Abwechslung bieten die Bretzel-Lä-
den mit ihrem einfachen Salzgebäck,
das es auch in fantasievollen Formen
und mit Wurst- oder Fleischfüllung
gibt. Erwähnenswert ist die Bäckerei
Paul, die zu jeder Tageszeit neben
Kuchen und Backwerk belegte Ba-
guettes, Crêpes und appetitliche
Zwiebel- und Spinatkuchen für den
kleinen Hunger serviert.

Boulangerie Paul ■ D 10, S. 113
41–45, rue des Grandes Arcades (am Pl. Kléber)

Bretzel Burgard ■ E 10/E 11, S. 113
22, rue des Orfèvres

Flunch westlich ■ A 9, S. 112
Centre Commercial Hautepierre;
tgl. 11–22 Uhr

Restaurant Courte Paille
■ E 20, S. 117
Die Menüauswahl ist weder groß
noch reichhaltig, doch auf der Terras-
se unter Sonnenschirmen sitzt man im
Sommer sehr bequem. Hier gibt es ein
spezielles Kindermenü, und zum
Nachtisch gehört meistens ein kleines
Spielzeug. Ein kleiner Spielplatz mit
einer Rutschbahn liegt im Blickfeld
der Tische.
Route de Colmar, Illkirch-Graffenstaden;
Tel. 88 66 52 02, ⭐

Altes und Neues verbinden vier Spaziergänge zu einem sehenswerten Ganzen: vom ehemaligen Gerberviertel bis zu den hochmodernen Bauten der EU.

Straßburg ist eine Stadt mit verschiedenen Wasserwegen, die zum Spazierengehen geradezu einladen.

✹ 8 Durch die Altstadt La Petite France

Das ehemalige Gerberviertel verdankt seinen heutigen Namen La Petite France der Tatsache dass hier Anfang des 16. Jahrhunderts ein Krankenhaus stand, in dem französische Soldaten, die aus dem Krieg in Italien mit Geschlechtskrankheiten zurückgekehrt waren, untergebracht wurden. Südlich der Alpen nannte man sie die »französische Krankheit«. Später wurde der Name auf das Hospital und später auf das das ganze Viertel »Klein-Frankreich« übertragen. Es ist von vielen Ausgangspunkten aus zu erreichen. Wir möchten Ihnen die **Place Gutenberg** empfehlen.

Sie folgen der **Rue des Serruriers** über die dreispurige Rue de la Division Leclerc hinüber und kommen zur **Place Saint-Thomas** mit der gleichnamigen, heute protestantischen Kirche aus dem 13. Jahrhundert. Im Inneren befindet sich das berühmte Grabmal des Marschalls Moritz von Sachsen aus dem 18. Jahrhundert. Sie folgen der **Rue de la Monnaie**, wo anschließend in der **Rue des Dentelles** die Fußgängerzone beginnt. Antiquitätengeschäfte, Restaurants und sehenswerte Hausfassaden säumen diese Straße, die auf den Hauptplatz der Altstadt, die **Place Benjamin Zix**, mündet. Hier, am Wasserrand unter schattigen Bäumen, können Sie eine Pause einlegen. Der Gang durch die **Rue du Bain-aux-Plantes** versetzt Sie mit ein wenig Fantasie in frühere Jahrhunderte zurück. Sie biegen links in die **Rue des Moulins**, wo vielleicht gerade die kleine **Drehbrücke** in Fließrichtung gewendet wird. Sie kehren um, biegen nach links wieder in die **Rue du Bain-aux-Plantes**, die Sie in einem weitläufigen Bogen, später am Kanal entlang, zu den **Gedeckten Brücken** führt. Hier teilt sich die Ill in vier Kanäle. Die schönste Aussicht über das Altstadtviertel bis zum Münster haben Sie, wenn Sie hinter der Brücke einen Abstecher nach rechts zur **Panorama-Terrasse** unternehmen.

Place Gutenberg ✹

250 m
Place Saint-Thomas ✹

Rue des Dentelles

500 m
Place Benjamin Zix ✹

Rue des Moulins

550 m
Drehbrücke ✹

800 m
Gedeckte Brücken ✹

1050 m
Panorama-Terrasse ✹

Dauer: etwa 1 Stunde; **Karte:** → S. 112/113

Einkaufsbummel mit historischer Kulisse

Ausgangspunkt dieses Einkaufsbummels ist der Münsterplatz, das historische Zentrum der Stadt. An dieser Stelle, die vor über 2000 Jahren eine natürliche Erhebung bildete, haben die Römer im Jahre 12 v. Chr. das Heerlager **Argentoratum** gegründet. Nehmen Sie sich etwas Zeit für den stets belebten Platz, der nicht nur in der Saison bei Touristen und Straßburgern gleichermaßen beliebt ist, und werfen Sie einen Blick auf das in jahrhundertelanger Arbeit errichtete Münster. Um sich einen Überblick über die Stadt zu verschaffen, lohnt der Aufstieg zur Aussichtsplattform der Kathedrale, von der Sie bei guter Sicht bis zum Kaiserstuhl, den Vogesen und zum Schwarzwald blicken können. Wieder unten angelangt, können Sie an der Ecke des Münsterplatzes das historische **Haus Kammerzell** bewundern, das nach seinem Besitzer aus dem 19. Jahrhundert benannt ist und zuletzt 1954 vollständig restauriert wurde. An diesem früheren Kaufmannshaus vorbei führt der Weg nach rechts in die Fußgängerstraße **Rue des Hallebardes** mit ihren zahllosen Boutiquen und Geschäften, die auf die ebenfalls Fußgängern vorbehaltene Rue du Dôme stößt. Sie biegen nach links und folgen dieser wichtigen Einkaufsstraße bis zur **Place Broglie** mit dem historischen Rathaus und dem Theater mit seinen imposanten Säulen. Im 13. Jahrhundert hieß der Platz Rossmarkt und diente als Turnierplatz für wilde Reiterspiele. Wenn Sie mit dem Rücken zum Theater nach rechts blicken, sehen Sie das große Gebäude der **Banque de France**.

Beim Theater überqueren Sie die Fahrbahn und gehen nach rechts an der Offiziersmesse mit ihren ausgedienten Kanonen vor dem Eingang vorbei. So gelangen Sie zu dem neuesten Denkmal der Stadt, dem von dem Straßburger Schriftsteller und Karikaturisten Tomi Ungerer geschaffenen **Aquädukt** zur Erinnerung an die römische Vergangenheit der Stadt. Hier biegen Sie nach links zum beschaulichen Teil dieses Spaziergangs und folgen

* Münsterplatz

* Haus Kammerzell

Rue des Hallebardes

350 m
* Place Broglie

750 m
* Aquädukt

Aquädukt
1400 m
Quai de Paris

Pont du Marché

2050 m
Restaurant
Kammerzell

Wenn Sie ein Faible für ausgefallene Bücher und alte Zeitschriften haben, legen Sie am Büchermarkt an der Place Kléber sicher gerne eine Pause ein.

der Straße am Ill-Kanal entlang, dem **Quai Schoepflin,** der in den **Quai Kellermann** und anschließend den **Quai de Paris** mündet. Falls Sie etwas mehr Zeit haben, lohnt sich ein Abstecher zur **Eglise Saint-Pierre-Le-Jeune,** die nur wenige Schritte vom Quai Kellermann entfernt an der Rue de la Nuée-bleue liegt. Neben einer Krypta aus dem 7. Jahrhundert ist vor allem der Kreuzgang mit einem romantischen Garten sehenswert. Doch zurück zum Quai de Paris. Zu Ihrer Rechten liegt hier die breite Fußgängerbrücke **Pont du Marché.** Auf der anderen Seite der Brücke lockt das große Einkaufszentrum **Centre Halles** mit 130 Boutiquen

Zurück führt der Weg durch die **Rue du Marché** und anschließend nach links zur **Place de l'Homme de Fer,** die ebenfalls zum Geschäftszentrum der Stadt gehört. Dieser Platz grenzt an die **Place Kléber,** die Sie überqueren. Durch die **Rue des Grandes Arcades** führt der Weg bis zur **Rue des Hallebardes,** in die Sie links zum **Haus Kammerzell,** dem Ausgangspunkt des Spaziergangs, einbiegen. Das vorzügliche **Restaurant Kammerzell** ist schließlich das geeignete Ziel, um nach dem Fußmarsch wieder zu Kräften zu kommen.

Dauer: 1–3 Stunden; **Karte:** → S. 112/113

...m Wasser entlang
...um Europarat

Ausgangspunkt für diesen schönen Spaziergang ist die **Place de la République**, der ehemalige ...aiserplatz und Zentrum der wilhelminischen Ära. ...ominiert wird der Platz von dem mächtigen **Palais ...u Rhin,** in dem Kaiser Wilhelm II. sich anscheinend ...icht sehr gern aufgehalten hat. Der monumentale ...uppelbau ist heute Sitz der regionalen Kulturver-...altung. In der sorgfältig gepflegten Parkanlage in ...er Mitte des Platzes steht das beeindruckende ...otenmonument für die Gefallenen des Ersten ...Veltkriegs. Schräg rechts vom Kaiserpalast, wenn ...nan darauf blickt, ist das Verwaltungsgebäude der ...räfektur im ehemaligen Ministerialgebäude des ...Reichs untergebracht.

Weiter nach rechts wird der Platz zur Avenue de la Liberté hin von der Universitäts- und Landesbibliothek abgeschlossen. Rechts davon ...iegen das heutige **Nationaltheater** und das **Kon-servatorium,** die in dem ehemaligen Landesaus-schussgebäude aus dem Jahr 1888 untergebracht sind. Sie überqueren den Platz und folgen der brei-ten **Avenue de la Liberté,** die neben der Univer-sitätsbibliothek in den Platz einmündet. So gelan-gen Sie zur **Pont de l'Université,** an der zur linken Seite die Kirche **Saint-Paul** liegt. Die Fassade die-ser Kirche ist sehenswerter als der Innenraum. Sie gehen an der rechten Seite der Kirche vorbei bis zur **Avenue d'Alsace,** überqueren die Brücke **Pont Kennedy,** um gleich danach nach links abzubiegen und dem **Quai Rouget de l'Isle** zu folgen, wo einige der wohlhabenden Straßburger leben. Immer am Wasser entlang laufen Sie an der Rückfront der Bürotürme des Europaparlaments vorbei bis zum Haus der Menschenrechte, wo über die Einhaltung der Grundrechte in Europa gewacht wird. Von hier gelangen Sie zur **Avenue de l'Europe** und zum **Eu-roparat.** Zurück zum Zentrum geht es mit dem Bus 23, der direkt vor dem Europarat hält.

Dauer: 1 Stunde, **Karte:** → S. 110/111, 113, 114

Place de la
République

Totenmonument

250 m
Avenue
de la Liberté

700 m
Pont Kennedy

2400 m
Europarat

Durch das beliebte Münsterviertel

Place du Corbeau Der Spaziergang beginnt an der **Place du Corbeau**, wo Sie den **Cour du Corbeau**, eine frühere Nobel-herberge, besichtigen können. Vom Mittelalter bis zum 19. Jahrhundert nächtigten hier berühmte Persönlichkeiten. Nach den neuesten Plänen der Stadt soll im Rabenhof ein Spielzeugmuseum ein-gerichtet werden.

Über den **Pont du Corbeau**, von dem aus im Mittelalter Verbrecher ins Wasser geworfen wur-den, überqueren Sie die Ill und biegen rechts ab, vorbei an dem Arkadencafé **Montmartre** (links) und dem **Historischen Museum** (rechts), das im Gebäude des Schlachthauses aus dem 16. Jahr-hundert untergebracht ist. Gegenüber, an der **400 m** **Münsterplatz** Ecke, liegt der **Strissel**, eine ehrwürdige und be-liebte Straßburger Winstub mit schmackhafter Hausmannskost. Die Place de la Grande Bouche-rie mündet auf den Ferkelmarkt, die Place du Mar-ché-aux-Cochons-de-Lait. Bei der Weinstube **Am Pfifferbriader** biegen Sie nach links in die **Rue du Maroquin**, die frühere Korduangasse. Sie ver-dankt ihren Namen den vielen Schustern, die in

Nicht unbedingt typisch elsässisch, dafür aber ganz unterhaltsam: die Portraitmaler im Münsterviertel.

●n teilweise sehr gut erhaltenen, kleinen und
●hmalen Häusern wohnten. Am Postgebäude
●echts) vorbei kommt man auf den belebten
●ünsterplatz, und der Blick auf die hoch streben-
●e Münsterfassade aus rosa Sandstein ist ein ech-
●r Kunstgenuss.

Sie überqueren den Platz an der Hauptfassade
●es Münsters vorbei und stehen vor dem dunklen
●aison Kammerzell, wo man über drei Etagen gut
●peisen kann. Der Weg führt an diesem mittelal-
●rlichen Handelshaus vorbei und nach rechts in
●ie **Rue des Hallebardes.** Diese Fußgängerstraße
●ehört zu den wichtigsten Einkaufsstraßen. Die
●traße findet ihre Fortsetzung, wenn Sie nach
●nks in die **Rue du Dôme** abbiegen. Sie folgen der
●traße bis zur weitläufigen **Place Broglie** mit dem
●heater, dem alten Rathaus (rechts) und dem
●assiven Bau der Banque de France an der ge-
●enüberliegenden Seite.

Gleich links führt die schmale **Rue des Etudiants** geradeaus an der Place des Etudiants in
die kurze **Rue de l'Outre.** Achten Sie auf das Kro-
kodil an der linken Hauswand von Nr. 10: Es ist
das Wahrzeichen des gleichnamigen Nobel-Res-
taurants. Die Rue de l'Outre mündet auf den ehemaligen Verkehrsknotenpunkt **Place Kléber,** der
1933 zum Fußgängerplatz umgewandelt wurde.
Dieser Platz hat im Leben der Stadt schon immer
eine besondere Rolle gespielt, als Festplatz für
Militärparaden ebenso wie für farbenprächtige
Umzüge im 19. Jahrhundert. Leider zeigen die
heutigen Hausfassaden um den Platz herum kaum
mehr etwas von der vergangenen Pracht. Aber der
napoleonische General Kléber wurde unter seiner
Statue auf der Platzmitte begraben. Sie biegen
gleich nach links in die **Rue des Grandes Arcades.**
Sie kommen zur **Place Gutenberg** mit dem Fremdenverkehrsbüro und der Statue des Erfinders des
Buchdrucks. Der Platz erhielt seinen Namen 1840,
vorher hieß er Kräuterplatz. Vom Gutenbergplatz
können Sie weiter geradeaus der **Rue du Vieux-
Marché-aux-Poissons** folgen, die an der **Ancienne
Douane** (rechts) vorbei zur Rabenbrücke führt.

Dauer: 1 Stunde; **Karte:** → S. 112/113

✳	Münsterplatz
450 m	
✳	Rue des Hallebardes
750 m	
✳	Place Broglie
800 m	
✳	Rue de l'Outre
950 m	
✳	Place Kléber
1250 m	
✳	Place Gutenberg
1500 m	
✳	Ancienne Douane

Burgen und Klöster in prächtiger Landschaft können Sie bei Ausflügen in die nähere Umgebung des Bischofssitzes Straßburg bewundern.

Zur Burgruine Haut-Barr über Saverne

Etwa 50 km nordwestlich von Straßburg liegt die Burgruine Haut-Barr, zu erreichen über die nördliche Autobahn in Richtung Paris, Ausfahrt Saverne.

Sie verlassen Saverne über die **Rue du Général Leclerc** und gelangen nach 5 km in südwestlicher Richtung über die D 171 zum Parkplatz an der Burgruine (458 m). Die großartige Aussicht lohnt die Kletterei über 81 Stufen hoch zum **Nordfelsen**. Nicht umsonst nannte man die Anlage bereits im Mittelalter »Auge des Elsass«. Die Burg war damals eine der wichtigsten und mächtigsten der Region, und ihr Spitzname bezog sich auf ihre besondere strategische Position. Sie haben von hier einen Blick auf die Vogesenhöhen mit dem Einschnitt des Zorntales und können in der Ebene den Turm des Straßburger Münsters erkennen. Die Burg wurde im 12. Jh. auf drei durch Treppen und Stege miteinander verbundene Felsen erbaut.

Der Steg zwischen dem südöstlichen und dem Hauptfelsen heißt **Teufelsbrücke**. Die 200 m lange Anlage gehörte seit dem 12. Jh. den Straßburger Bischöfen, die sie als Sommerresidenz nutzten. Eine lateinische Inschrift über dem Haupteingang erinnert daran, dass 1583 Bischof Jean de Manderscheid die Festung restaurieren ließ. Jean de Manderscheid nutzte die Burg für Saufgelage der von ihm gegründeten »Bruderschaft des Horns«: Jedes

neue Mitglied musste ein voluminöses Auerochs-Horn voller Wein in einem Zug leeren. Während des Dreißigjährigen Krieges wurde Haut-Barr 1632 zerstört, 1743 jedoch wieder aufgebaut. Der heute noch existierende Nordturm stammt aus dem 16. Jh., und die anderen Überreste sind romanischen Ursprungs. Heute ist die Ruine Staatseigentum und an die Stadt Saverne vermietet, die dort ein Restaurant eingerichtet hat.

Auf der Rückfahrt empfiehlt sich unbedingt die Besichtigung der Rosenstadt **Saverne** (Zabern), der römischen Handelsstation Tres Tabernae. Die Stadt mit heute etwa 11 000 Einwohnern war ab 1704 Residenz der Fürstbischöfe von Straßburg. Das prachtvolle **Château des Rohan** wurde von Kardinal Louis-René-Edouard de Rohan Guéméné errichtet, nachdem das Fürstenbergschloss 1779 einer Feuersbrunst zum Opfer gefallen war. Heute ist im Schloss ein **Museum für Archäologie und Geschichte** zu besichtigen.

Für die Rückfahrt nach Straßburg schlagen wir die landschaftlich schöne N 4 (Route Nationale). Sie führt über **Wasselonne** und **Marlenheim** durch den Stadtteil Königshoffen bis in die Innenstadt. Von dieser Strecke aus haben Sie einen herrlichen Blick auf das Straßburger Münster.

Restaurant du Haut-Barr
Château du Haut-Barr, Saverne;
Tel. 03 88 91 17 61, Mo geschl. ★

Dauer: halber Tag (etwa 4 Stunden)
Karte: → S. 87

um Kloster
Mont Sainte-Odile

Der Odilienberg (763 m) mit dem Kloster der Schutzpatronin des Elsass liegt 43 km südwestlich von Straßburg. Sie erreichen den Odilienberg über die Autobahn in Richtung Colmar, Ausfahrt Obernai, und weiter auf der N 422 bis zu der hübschen Ortschaft mit knapp 10 000 Einwohnern. Ab Obernai ist die 15 km lange Strecke durch die bewaldete Hügellandschaft bis zum Odilienberg gut ausgeschildert. Bei klarer Sicht blickt man über die Rheinebene bis zum Schwarzwald (Kniebis) und erkennt manchmal auch die Turmspitze des Straßburger Münsters.

Sehenswert ist neben dem Klosterkomplex mit Pilgersälen, Herbergsräumen und drei Kapellen auch die über 10 km lange **Heidenmauer**, die um das gesamte Bergplateau führt und ein bedeutendes vorgeschichtliches Denkmal Frankreichs ist. Diese gewaltige Schutzanlage ist vermutlich keltischen Ursprungs.

Nicht weit vom Hauptparkplatz vor dem Klostereingang entfernt beginnt ein schmaler Pfad, auf dem Sie in etwa 20 Gehminuten bergab die **Odilienquelle** erreichen. Die Elsässer nehmen davon gerne eine Flaschenfüllung mit nach Hause, weil dem Quellwasser heilende Wirkung bei Augenleiden nachgesagt wird. Die heilige Odilie soll um 660 in Obernai blind zur Welt gekommen sein. Ihr Vater, der Herzog von Etichio, wollte das Mädchen deshalb töten lassen. Doch die Mutter ließ das Mädchen heimlich in ein Kloster im Burgund bringen, wo es erzogen wurde. Die Legende besagt weiter, dass das Mädchen bei seiner Taufe im Alter von zwölf Jahren sehend wurde. Sein Vater wollte es daraufhin zu einer politischen Ehe zwingen.

Odilie ergriff die Flucht und entkam ihren Verfolgern, weil sich plötzlich eine Felswand auftat. Eticho kapitulierte vor dieser göttlichen Fügung und schenkte seiner Tochter reumütig seine **Festung Hohenburg**, den heutigen Odilienberg. Odilie gründete dort ein Kloster und wurde dessen erste Äbtissin.

Zu einem Zentrum kultureller Gelehrsamkeit wurde das Kloster zwischen 1167 und 1195. Die damalige Äbtissin Herrad von Landsberg, Angehörige des Geschlechts, deren Burgruine auf dem Weg nach Barr zu besichtigen ist, verfasste den berühmten »Hortus deliciarum«, den »Garten der Wonnen«, in mittellateinischer Sprache. Dieses mit farbigen Federzeichnungen und Miniaturen ausgestattete Handbuch des geistlichen und weltlichen Wissens ihrer Zeit war eine sehr bedeutende Handschrift des Mittelalters. Leider wurde das 648-Seiten-Opus beim Brand der Straßburger Bibliothek 1870 vernichtet.

Im Laufe der Jahrhunderte wurde das Kloster mehrfach umgebaut und erweitert, bis es im 19. Jh. der Bischof von Straßburg erwarb. Seitdem ist Odilienburg wieder ein Wallfahrtsort. Nach der Besichtigung der Kapellen mit den Sarkophagen von Odilie und ihren Eltern können Sie in den Speisesälen des Klosters ein einfaches Menü einnehmen.

Auf der Rückfahrt vom Odilienberg lohnt eine Kaffeepause in **Obernai**, wo Odilie geboren wurde. Dieses Städtchen gehört mit Ribeauville und Riquewihr zu den Prachtexemplaren altelsässischer Bausubstanz. Hier ist architektonisch die Vergangenheit präsent geblieben: das Mittelalter, besonders aber die Renaissance. Das Rathaus mit dem Fremdenverkehrsbüro im Erdgeschoss stammt hauptsächlich aus dem

10

16. Jh., ebenso wie die gegenüberliegende Kornhalle mit ihrem gewaltigen Dach und dem Storchennest auf der kleinen Turmspitze. Der 72 m hohe Kapellturm diente im Mittelalter als Kirchturm. Das konkurrenzlose Schmuckstück des Ortes ist der **Puits aux Six Seaux**, der Sechseimerbrunnen, aus dem Jahr 1579. Supermodern ist im Gegensatz dazu die **Bierbrauerei Kronenbourg** in der Industriezone von Obernai, die das Lieblingsbier der Elsässer braut.

Anfahrt: Zum Odilienberg fährt auch ein Bus ab Straßburg (Linie 210 / 2 mal täglich)
Auskunft: Busbahnhof, pl. des Halles; Tel. 03 88 23 43 23
Dauer: halber Tag; **Karte:** → S. 87

Radtour nach Saverne

Die ca. 60 km lange Fahrradtour können geübte Radler an einem Tag bewältigen. Wollen Sie sich lieber zwei Tage Zeit nehmen und gemütlich von Ort zu Ort fahren, ab und zu mal eine Pause für ein gutes Essen oder eine Tasse Kaffee einlegen, gibt es mehre Übernachtungsmöglichkeiten in den Landgasthöfen, die auf dem We liegen.

Von Straßburg aus geht es vom Stadtteil Eckbolsheim aus auf die D 45 Richtung **Breuschwickersheim** Die Straße führt durch kleine Ortschaften in ländlicher Umgebung. Nach etwa 20 km erreichen Sie den Ort **Wolxheim**, der für seinen wohlschmeckenden Riesling bekannt ist. Wolxheimer Wein hat Tradition. Bereits im Mittelalter diente der Rebensaft dieser Gegend den Handwerkerr und bischöflichen Beamten als Erfrischung. Ein paar Kilometer weiter kommen Sie nach **Soultz-les-Bains** (Sulzbach) an der Weinstraße. Die ehemals dem Bistum Straßburg zugehörige Stadt zog im Mittelalter wegen ihrer berühmten Bäder viele Heilungssuchende an. Sie besitzt eine sehenswerte Kirche, deren Turm

Panoramablick inklusive: In 763 Metern Höhe liegt das mittelalterliche Kloster Odilienburg.

d Chor aus dem 12. Jh. stammen.
ach weiteren 7 km, die Sie jetzt auf
er Straße Richtung Saverne zurück-
gen, kreuzen Sie die N 4.

R echts geht es nach **Marlenheim**.
Das Städtchen, dessen Wein
»Marlenheimer Vorlauf« seit Jahr-
underten bekannt ist, wurde erstmals 590 urkundlich erwähnt. Hier
önnen Sie eine Ruhepause einlegen, um einzukehren, zum Beispiel in
die **Hostellerie du Cerf** (30, rue du
Général-de-Gaulle). Das Lokal ist in
einer alten Poststation untergebracht. Die vielen Leckereien, traditionelle und ganz neu kreierte,
schmeicheln auch dem verwöhntes-
ten Gaumen. Die Gemüsezutaten
kommen frisch aus dem Garten.
Wenn es Ihnen gefällt, können Sie
auch im gleichnamigen, einfachen

Gasthof übernachten.

Andernfalls geht es weiter auf der
N 4 in Richtung **Wasselonne**. Auf
dem Weg dorthin durchqueren Sie
das **Krontal**, wo die Steine für das
Straßburger Münster gebrochen wurden. Die Ursprünge des heute 4200
Einwohner zählenden Wasselonne
gehen bis in das 18. Jh. zurück. Im
Zuge der Reformation wurde der Ort
zu einer Festung des neuen Glau-
bens. Von der ehemaligen Burg, die
im 17. Jh. zerstört wurde, ist noch ein
Torturm mit Pechnase erhalten.

V on Wasselonne aus führt die
Straße dann weiter durch liebli-
che Reblandschaften nach **Marmoutier** (Maursmünster). Marmoutier
zählt zu den frühesten elsässischen
Klosterniederlassungen: Es soll bereits gegen Ende des 6. Jh. gegründet

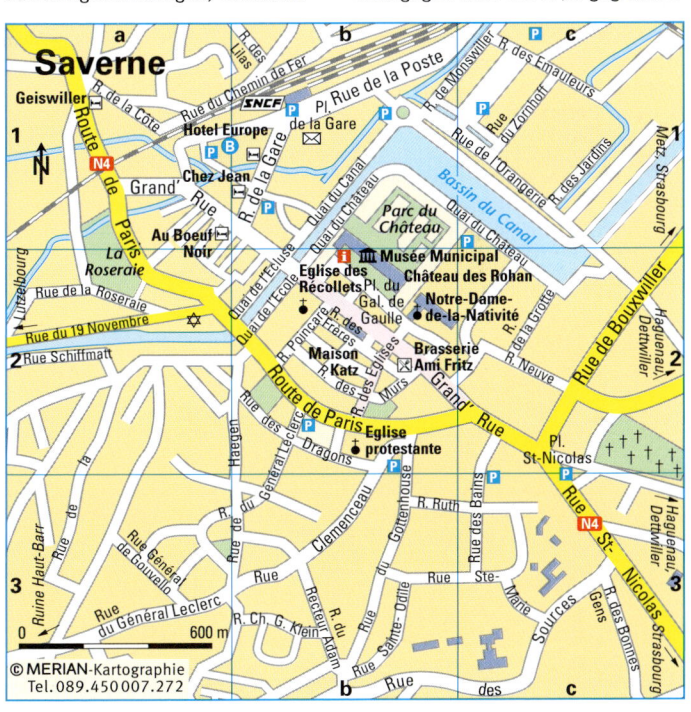

worden sein. Die Benediktinerabtei ist eines der beeindruckendsten Beispiele romanischer Architektur in diesem Gebiet. Gewaltig wirkt die ehemalige Abteikirche Saint-Etienne aus dem 12. Jh., die sich mit ihrer gut erhaltenen Westfassade aus Sandstein dem Besucher offenbart. Neben dem neugotischen Chor, den Renaissance-Grabplatten und dem schönen Chorgestühl befindet sich im Innern der Kirche auch eine Silbermannorgel aus dem Jahre 1710.

Nach den letzten 6 km erreichen Sie schließlich das Ziel, die Stadt **Saverne**, deren Namen auf die römische Relaisstation »Tres Tabernae« (Drei Schenken) zurückgeht. Zu besichtigen gibt es hier die Pfarrkirche, das Alte Schloss – ehemals bischöfliche Kanzlei – sowie das herausragende Neue Schloss **Château des Rohan**, das 1770 auch Goethes Bewunderung erregte. Die ehemalige Residenz der Fürstbischöfe von Straßburg brannte 1779 ab, wurde aber im 18. und 19. Jh. neu aufgebaut. Bis 1870 diente es als Alterssitz für Witwen von Staatsmännern, danach wurde es bis 1944 als Kaserne genutzt. Heute birgt das Château des Rohan ein kleines Museum mit Funden aus vorgeschichtlicher und römischer Zeit.

Bekannt wurde Saverne über die Regionalgrenzen hinaus durch eine äußerst peinliche Geschichte, die als »Halsbandaffäre« das Ancien Regime ins Gerede brachte. Sie passierte dem letzten der Fürstbischöfe de Rohan, Louis René (1779–1804). Dieser sehr weltlich gesinnte Bischof liebte die Frauen und das leichte Leben und war demzufolge immer knapp bei Kasse. Hinzu kam, dass er bei der Königin Marie Antoinette in Ungnade gefallen war. Um sich mit ihr auszusöhnen, wollte er ihr ein Diamantenhalsband schenken. Die Idee mit dem Halsband flüsterte ihm seine Geliebte ins Ohr, die Gräfin de la Motte Valois. In seiner Finanznot wandte sich der Kirchenmann an einen Magier namens Cagliostro, der angeblich Gold aus dem Hut zaubern konnte. Als das nicht klappte, musste Louis René die Diamanten wohl oder übel selbst bezahlen. Die Gräfin de la Motte, der er das Collier vertrauensvoll übergab, vermittelte darauhin ein Stelldichein mit Marie Antoinette in einer Gartenlaube in Versailles.

Der arme Bischof traf dort nur für kurze Augenblicke eine tief verschleierte Frau. Seine Gräfin sah er nie wieder, die Diamanten ebensowenig. Als die Juweliere ihr Geld reklamierten, flog der Schwindel auf, und Louis René wanderte für neun Monate in die Bastille.

Das heutige Saverne bietet aber mehr als überlieferte Episödchen aus der Vergangenheit. Sehenswert sind die alten, gut erhaltenen Fachwerkhäuser, insbesondere die **Maison Katz** aus dem Jahre 1605, in dem sich heute auch eine heimelige Winstub befindet. Im Rosengarten blühen im Sommer etwa 1300 verschiedene Rosenarten. Zum Abschluss dieses Ausflugs bietet sich deshalb ein Mahl in der Taverne Katz geradezu an, einem Feinschmeckerlokal mit Spezialitäten der Region.

Hostellerie du Cerf MM

30, rue du Général-de-Gaulle, Marlenheim; Tel. 03 88 87 73 73
Restaurant ★ ★ ★ ★; Hotel ★ ★

Taverne Katz M

80, Grand' Rue, Saverne;
Tel. 03 88 71 16 56, Di abends und Mi geschl. ★ ★

Dauer: 1–2 Tage; **Karte:** → S. 85

um Schiffshebewerk
nd nach Dabo

on Straßburg fahren Sie über die Au-
bahn A 4 in Richtung Paris, Ausfahrt
averne (Maut 1,85 €). In Saverne fol-
en Sie zunächst den Richtungsschil-
ern Metz/Nancy und verlassen die
tadt auf der D 132 in Richtung Lutzel-
ourg (ausgeschildert). Die Strecke

führt 17 km lang am Rhein-Marne-Kanal entlang, wo Sie sich bereits in der
Nachbarregion Lothringen befinden.
Kurz nach der Ortseinfahrt Lutzelbourg
folgen Sie dem Hinweisschild Plan incliné und kommen auf der D 98 nach
St-Louis-Arzviller zu dem in Frankreich
einmaligen Schiffshebewerk (plan incliné), das rechts von der Autostraße
in den Blick fällt. Dort werden bis zu

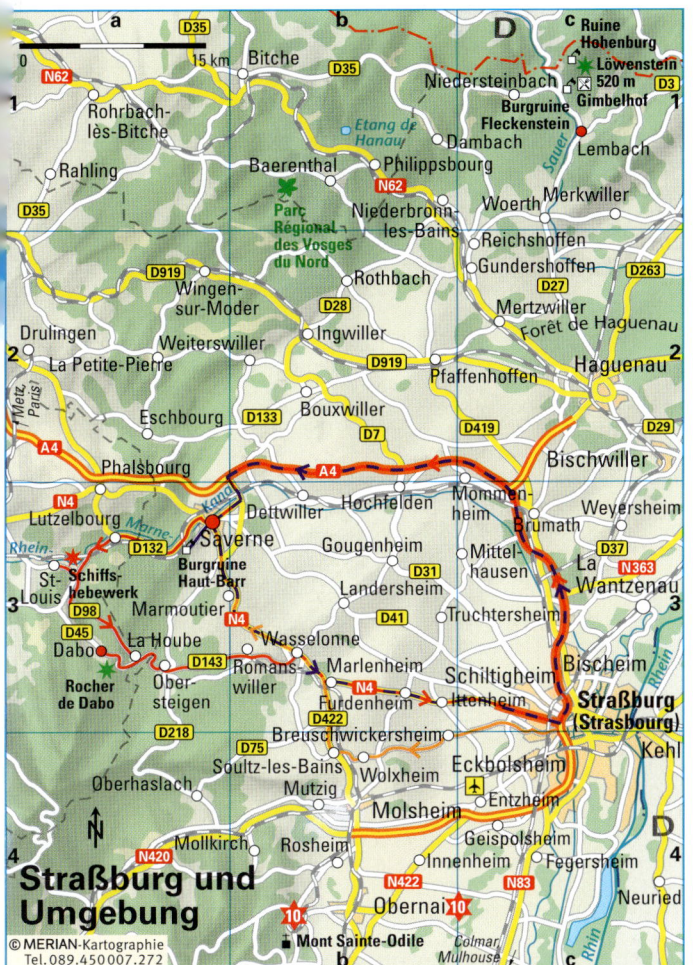

900 t schwere Lastkähne in einer Art Fahrstuhl 44,5 m hochgehoben, um auf diese Weise eine Tagesfahrt von 4 km und die Überwindung von 17 Schleusen einzusparen.

Nach dieser Tour fahren Sie weiter auf der D 98 durch die dicht bewaldete Hügellandschaft bis zu einer ausgeschilderten Kreuzung, die nach links den Berg hinauf durch die Ortschaft **La Hoube** bis zu dem beliebten Ferienort **Dabo** (Dagsburg) führt. Der ist bereits von weitem an seinem imposanten Burgfelsen (Rocher de Dabo) zu erkennen. Der berühmteste Sohn dieser Region war Papst Leo IX., der sich von 1048 bis 1054 um die Kirchenreform bemühte. Auf dem Burgfelsen, der 1,5 km von der Ortschaft entfernt liegt, ist heute die Leokapelle zu besichtigen. Es lohnt sich, die 92 Stufen zum Turm hoch zu steigen, da der Ausblick über die wichtigsten Gipfel der Nordvogesen schweift. Die Rückfahrt führt 6 km zurück nach La Hoube und von dort aus sanft abfallend auf der D 45 und der D 143 durch Obersteigen und Romanswiller nach Wasselonne. Dort stoßen Sie auf die dicht befahrene N 4, die durch die Ortschaften Marlenheim, Furdenheim und Ittenheim nach Straßburg führt. Schlemmern empfiehlt sich eine längere Pause in Marlenheim, das für sein Luxusrestaurant »Hostellerie du Cerf« bekannt ist. Einige Kilometer weiter, bei der Ortsdurchfahrt Furdenheim, haben Sie den schönsten Blick auf das Straßburger Münster in der Rheinebene.

Schiffshebewerk
Auskunft Bootsfahrten und Besichtigungen:
Association touristique, Route du Plan incliné, 57820 Saint-Louis; Tel. 03 87 25 30 69
Eintritt Erwachsene 3,10 €, Kinder bis 16 Jahre 2 €, 45-minütige Bootstour: 6,10 €, Kinder bis 16 Jahre: 3,80 € zweistündige Bootsfahrt: 9,90 €; Nov.–März geschl.

Dagsburger Felsen
Eintritt: Erwachsene 0,80 €, Kinder 0,30

Restaurants
Auberge des Randonneurs
Dabo, 3, place de l'Eglise;
Tel. 03 87 07 47 48; tgl. geöffnet ★
Hostellerie du Cerf
(→ S. 85)

Auskünfte über Wanderungen
Für längere Wanderungen im Naturpark Nordvogesen (Parc Régional des Vosges du Nord) bietet die Vereinigung Gîtes de France Informationen an. Der Preis liegt beispielsweise für eine dreitägige Tour rings um den Hanauer Weiher, entlang der Burgen der Nordvogesen und mit einem Besuch der Maginot-Linie bei 110 € pro Person.
Auskunft: Gîtes de France, 7, pl. des Meunniers, Strasbourg; Tel. 03 88 75 56 50

Dauer: Tagesausflug; **Karte:** → S. 87

Von Lembach zur Burgruine Fleckenstein

Ausgangspunkt der Wanderung ist Lembach, wo eine Befestigungsanlage der Maginot-Linie, **Four a Chaux**, zu besichtigen ist. Sie liegt 56 km nördlich von Straßburg und ist über die Autobahn A 4 nach Paris, Ausfahrt Haguenau, zu erreichen. Von Haguenau folgen Sie der D 27 durch die Ortschaft Woerth bis Lembach.

Sie starten in Lembach an der Hütte des Vogesenclubs, **chalet du club vosgien**, am nördlichen Ortsausgang in Richtung **Niedersteinbach**. Der Weg, der mit einem blauen Rechteck gekennzeichnet ist, führt am Ufer des Flüsschens **Sauer** entlang. Nach ungefähr einer Stunde kommen Sie an einem Campingplatz vorbei, wo Sie anschließend der Wegmarkierung in Form eines roten Rings folgen. Kurze Zeit später überqueren Sie die Sauer und folgen dem mit einem roten echteck markierten Weg bis zur imosanten **Burgruine Fleckenstein**, nst eine der gewaltigsten Burgen er Vogesen. Die Ursprünge der tauferburg reichen zurück bis ins 2. Jh.

Von hier folgen Sie einem mit inem roten Rechteck gekennzeichneten Weg, der leicht ansteigend in twa 20 Minuten zur Ruine Hohenburg führt. Diese staufische Burg wurde 1680 zerstört und bietet einen ohnenden Ausblick.

Weiter geht es auf dem Weg mit dem roten Rechteck zu dem gewaltigen Felsblock **Löwenstein.** Dort führt eine Treppe auf die Aussichtsplattform in 520 m Höhe. Nun geht es leicht bergab einen mit einem gelben Kreis markierten Weg entlang bis zur rustikalen Herberge **Gimbelhof.** Bis zur Hütte des Vogesenclubs sind es von hier aus noch etwa eineinhalb Stunden Fußmarsch auf einem rotweiß-rot markierten Weg, der angenehm zu laufen ist.

Four a Chaux
Am Ortseingang von Lembach ausgeschildert; März–Sept. Führungen tgl. 10, 14 und 16 Uhr (warmen Pullover mitnehmen); Eintritt Erwachsene 3,40 €, Kinder bis 14 Jahre 1,40 €; Tel. 03 88 94 48 62

Burgruine Fleckenstein
März–Sept. tgl. 9–18 Uhr; Eintritt Erwachsene 1,50 €, Kinder bis 12 Jahre 0,80 €; Tel. 03 88 94 41 07

Hotel-Restaurant Gimbelhof
8 km von Lembach; Tel. 03 88 94 43 58; Mo und Di geschl., 7 Zimmer ⭐

Dauer: 6 Stunden; **Karte:** → S. 87

Traumhaft: der Blick von der Burgruine Fleckenstein in das bewaldete Umland.

In diesem Kapitel finden Sie jede Menge nützliche Tipps, praktische Infos und aktuelle Adressen rund um Ihren Straßburg-Aufenthalt.

Eine wunderschöne grüne Oase mitten in der Stadt ist der Parc de l'Orangerie gegenüber dem Europarat (→ S. 44).

Mit dem Auto

Straßburg liegt etwa 350 km von
Bonn entfernt, 160 km von Stuttgart
und 80 km von Freiburg. Mit dem
Auto erreichen Sie Straßburg über
die Autobahn Karlsruhe–Basel (A 5),
Ausfahrt Freudenstadt/Straßburg.
Nach der Überquerung der Europabrücke Kehl ist der Weg ins Stadtzentrum ausgeschildert, die Strecke
beträgt etwa 4 km. Aus nördlicher
Richtung kommend empfiehlt sich
bei Überlastung der A 5 als Schleich-
weg der Rheinübergang Iffezheim/
Gambsheim bei der Ausfahrt Baden-
Baden und anschließend über die
Landstraße (route départementale
300) nach Straßburg, die mittlerweile
vierspurig ausgebaut wurde. Auf dieser Strecke erreichen Sie das Stadtzentrum über den französischen Au-
tobahnanschluss der A 4. Eine sehr
einfache Orientierungshilfe bietet Ihnen dabei der weithin gut sichtbare
Münsterturm.

Eine weitere Alternative bei Überlastung des Autobahnabschnitts Lud-
wigshafen–Baden-Baden ist die Anreise über Landau in der Pfalz (A 65),
Ausfahrt Straßburg, wobei Sie auf
der Landstraße die deutsch/französi-
sche Grenze bei Lauterburg überqueren. Dort stoßen Sie auf die oben er-
wähnte Route (départementale 300).

Mehrere Rheinbrücken gibt es
nördlich von Straßburg zwischen
Wintersdorf und Beinheim (D 87), bei
Iffezheim (D 4) und südlich der Europabrücke zwischen Nonnenweier und
Erstein (D 426), zwischen Sasbach
und Marckolsheim (D 424), bei Brei-
sach (N 415), bei Neuenburg (D 39)
sowie bei Mülhausen auf der Autobahn. Und Rheinfähren können Sie
bei Plittersdorf nördlich von Rastatt,
bei Greffern auf der Höhe von Bühl
und bei Kappel auf der Höhe von
Lahr nehmen.

Mit der Bahn

Direktverbindungen per Eisenbahn
nach Straßburg gibt es von München, Karlsruhe, Stuttgart, Offenburg
und Baden-Baden. Von den übrigen
Städten aus muss man umsteigen,
zumeist in Karlsruhe oder Offenburg.
Am Straßburger Bahnhof finden Sie
sowohl einen Taxistand als auch eine
Bushaltestelle mit einer Verbindung
ins Stadtzentrum. Zu Fuß brauchen
Sie etwa 15 Minuten bis zur Fußgängerzone am Münster. Die Haltestelle
der supermodernen Straßenbahn,
die seit 1994 verkehrt, liegt unter
dem Bahnhofsvorplatz. Die Tram verbindet auf dem Weg durchs Zentrum
die Vororte Illkirch-Graffenstaden und
Hautepierre.

Mit dem Flugzeug

Der Straßburger Flughafen nennt
sich zwar »international«, doch der
tägliche Betrieb ist eher beschaulich.
Die Abfertigungshalle ist klein und
übersichtlich, so dass keine endlo-
sen Fußmärsche zu den Schaltern an-
fallen. Etwa 1,5 Millionen Passagiere
werden pro Jahr abgefertigt, wobei
die meisten von ihnen nach Paris flie-
gen. Diese Verbindung ist in der Tat
sehr günstig und kann auch für eine
Wochenendtour in die französische
Hauptstadt kostengünstig genutzt
werden. Der Flughafen bietet ein
Restaurant, eine Bar, mehrere Boutiquen, Geldwechsel, internationale
Presse und Mietwagen-Firmen. Im
Sommer werden Charterflüge in Fe-
riengebiete angeboten, wobei Flug-
ziele in französischen Übersee-Dé-
partements wie Martinique preislich
interessant sein können. Eine Direkt-
verbindung von deutschen Städten
nach Straßburg gibt es von Berlin,
München, Hamburg und Düsseldorf
montags bis freitags. Auf deutscher
Seite ist der nächste Flughafen in
Stuttgart, der 160 km entfernten Lan-
deshauptstadt von Baden-Württem-
berg.

éroport Strasbourg International
l. 03 88 64 50 15

om Flughafen in die Stadt
om Flughafen Straßburg-Entzheim,
er etwa 15 km südwestlich vom Zent-
um liegt, erreichen Sie die Stadt am
ünstigsten mit dem Flughafenbus,
m bequemsten mit dem Taxi. Die
ahrt dauert etwa 20 Minuten und ko-
tet je nach Gepäckmenge und Tages-
eit bis zu 34 €. Ein Flughafenbus
ährt alle halbe Stunde bis zur Endsta-
ion der Straßenbahn in Illkirch-Graf-
enstaden (Haltestelle Baggersee).
Dort steigen Sie um und erreichen in
etwa 15 Minuten das Zentrum. Die
kombinierte Fahrkarte kostet 4,20 €.
Die Parkplätze am Flughafen kosten
16,80 € für 24 Stunden.

Auskunft

**Office Départemental du Tourisme
du Bas-Rhin** ■ E 10, S. 113
(für das Unterelsass)
9, rue du Dôme; Tel. 03 88 15 45 88,
Fax 75 67 64

Office du Tourisme ■ E 11, S. 113
17, pl. de la Cathédrale; Tel. 03 88 52 28 28,
Fax 52 28 29;
Internet: www.strasbourg.com

Pavillon d'Accueil
■ A 10, S. 112
Pl. de la Gare (in der unterirdischen Bahn-
hofspassage); Tel. 03 88 32 51 49

Pont de l'Europe
östlich ■ F 23, S. 119
(Europabrücke)
Tel. 03 88 61 39 23
Im Sommer sind alle drei Büros tgl. von
8–19 Uhr geöffnet, im Winter Mo–Fr 9–12
und 14–18, Sa 9–12 Uhr

Das Fremdenverkehrsbüro gibt einen
monatlich erscheinenden Veranstal-
tungskalender **Strasbourg Actualités**
heraus. Ferner ein jährlich erschei-
nendes Hotel- und Restaurantver-
zeichnis (**Alsace-Hôtels-Restau-
rants**). Einen ausführlichen Veran-
staltungskalender mit Kinoprogram-
men und Szene-Nachrichten enthält
die wöchentlich erscheinende Broschüre **Hebdoscope**, die an Zeitungs-
kiosken zu 1,10 € zu kaufen ist.
   Ferner informieren die elektroni-
schen Informationstafeln der Stadtverwaltung an diversen Straßen-
kreuzungen unter anderem über
kulturelle Veranstaltungen und die
Belegung der Tiefgaragen.

Bootsvermietung

Man kann Motorboote mieten, für die
ein Kapitänspatent oder sonstige Ge-
nehmigungen nicht erforderlich sind.
Angeboten werden Mehrtagestouren
auf der Ill und den Kanälen in Kabi-
nenbooten für 11 Personen mit allem
Komfort (eingerichtete Küche mit Ge-
schirr, fließendem Wasser kalt/
warm, Dusche, WC, Kühlschrank und
Bettlaken).
**Information und Reservierungen
Chemins Nautiques d'Alsace**
M. Arbogast; B.P. 111; 67300 Schiltigheim
Péniche Espérance
Port du Canal, 67300 Schiltigheim;
Tel. 03 88 81 39 39

Camping

Das Fremdenverkehrsbüro gibt einen
jährlich erscheinenden Campingfüh-
rer heraus, der die Ausstattung der
Plätze mit Sternen bewertet.
Camping Montagne Verte
Einen schönen Platz, unter alten Bäumen an einem Bach gelegen, finden
Sie etwa 3 km südwestlich vom
Stadtzentrum entfernt.
Rue Schnokeloch; Tel. 03 88 30 25 46;
3,10 € pro Person und 4 € für einen Stell-
platz (Auto, Zelt) pro Nacht; vom 1. März–
31. Okt.

Diplomatische Vertretungen

**Bundesrepublik Deutschland
Generalkonsulat der Bundes-
republik Deutschland**
■ D 11, S. 113
15, rue des Francs-Bourgeois;
Tel. 03 88 15 03 40

**Österreich
Consulat Général d'Autriche**
■ A 8, S. 110
29, av. de la Paix; Tel. 03 88 35 13 94;
Mo–Fr 9–12 Uhr

Schweiz ■ D 8/D 9, S. 111
Consulat de Suisse
11, bd. du Président Edwards;
Tel. 03 88 35 00 70

Feiertage

1. Januar, Karfreitag, Ostermontag,
1. Mai, Christi Himmelfahrt (**Ascensi-
on**) und Maria Himmelfahrt (**Assomp-
tion**), Pfingstmontag, Allerheiligen,
25. Dezember.

Französische Feiertage

8. Mai	Waffenstillstand 1945
11. Nov.	Waffenstillstand 1918
14. Juli	Nationalfeiertag, Erstür-mung der Bastille in Pa-ris 1789

Elsässische Feiertage

Aufgrund der heute noch im Elsass
geltenden Gesetzgebung (**droit local**)
aus der deutschen Kaiserzeit sind
Karfreitag und der 26. Dezember (St.
Etienne) ebenfalls Feiertage. An diesen Tagen sind die Geschäfte und
auch die meisten Restaurants geschlossen.

An den zwei Sonntagen vor Weihnachten sind die Geschäfte in Straßburg zusätzlich für Weihnachtsein-
käufe geöffnet.

Fernsehen und Rundfunk

In Straßburg empfängt man neun
Fernsehprogramme: die französischen TF 1, Antenne 2, das Regiona
programm France 3, »La 5«, M 6 un
den beliebten Privatsender Canal +
(mit Zusatzgerät), der aktuelle Spiel
filme und mitternächtliche Pornofil-
me ausstrahlt. Ferner die drei deutschen Programme. France 3 sendet
täglich Kultur- und Unterhaltungs-
programme auf Elsässisch und um
19.10 Uhr eine regionale Nachrich-
tensendung.

Im Rundfunk wetteifern 32 öffent-
liche und private Sender auf UKW mi
viel Popmusik um die Gunst der Hö-
rer. Der staatliche Sender Radio
France sendet um 7, 8, 12 und 18 Uhr
Regionalnachrichten in französischer
Sprache. Gut empfangen werden
auch die vier Programme des Süd-
westrundfunks SWR 1 (93,5 MHz),
SWR 2 (96,2 MHz) Kultur, die popu-
läre Jugend- und Autofahrerwelle
SWR 3 (98,4 MHz) und SWR 4 (88,4
MHz) mit besonderem Blick auf die
Region. Regionales bringt das Privat-
radio Radio Regenbogen (100,4
MHz), Internationales das Deutsch-
landradio (106,3 MHz). Zu den beliebtesten Privatsendern, deren Sen-
deradius 30 km nicht überschreiten
darf, gehören »Europe 2« (89,5 MHz)
mit viel Pop, internationalen und regionalen Nachrichten, »Top Music«
(94,5 MHz), NRJ (88,7 MHz) sowie
»France Info« (104,4 MHz) mit nationalen und internationalen Nachrich-
tensendungen.

Feste und Festspiele

Die wichtigsten jährlichen Veranstaltungen in Straßburg sind kultureller Art. Hauptereignis der Saison
ist zweifellos das **Straßburger Musikfestival**, das Festival de Musique.
Der Ruhm, ältestes Festival der klassischen Musik in Frankreich zu sein,

rpflichtet zu großen Namen. Seit
r festlichen Taufe 1932 mit den
rliner Philharmonikern unter Wil-
lm Furtwängler haben die bekann-
sten internationalen Solisten und
rchester in Straßburg gastiert. Ein
nliches Prestige möchte das mo-
ne Musikfestival **Musica** errei-
en. Seit 1983 werden mit viel Geld
nd Fantasie zeitgenössische Kom-
ositionen in ungewöhnlichem Rah-
en aufgeführt. Für jeweils ein Kon-
ert wurden bisher die Bahnhofshal-
, das städtische Schwimmbad, ein
lektrizitätswerk und eine ausge-
iente Fabrikhalle zu Konzertsälen
mfunktioniert.

Die zeitgenössische Kunstmesse
St'Art ist eine Veranstaltung, die seit
hrer ersten Ausgabe 1995 kontinu-
erlich an Bedeutung und Ausstrah-
lung gewonnen hat. 1998 haben
über 100 Galerien aus zwölf Ländern
Europas Werke von beachtlichem Niveau gezeigt.

Januar
Antiquitätenmesse

Möbel, Teppiche, Schmuck und
Gemälde aus allen Zeitepochen werden auf dem Messegelände angeboten. Das Angebot ist zwar groß, und
man findet durchaus ausgesuchte
Stücke, die Preise sind jedoch im
Schnitt sehr hoch.

März
Kunstmesse »St'Art«

Die Kunstmesse zeigt moderne
Gemälde, Skulpturen, Videokunst
und Installationen von jungen Künstlern aus mehreren Ländern, geboten
werden aber auch etablierte Werke
von Picasso, Matisse, Warhol, Chris-
to oder Max Ernst. Die Messe ist zwar
nicht mit Art Cologne oder der Basler
Kunstmesse zu vergleichen, aber das
Niveau von St'Art wird mit jedem Jahr
besser und lohnt den Besuch.

April
Foire de Printemps

Frühjahrsmesse auf dem Messegelände Wacken mit Möbeln, Antiquitäten, Hausrat, Handwerk und
Freizeitausrüstung.
Ende April–Anfang Mai

Mai
Wettbewerb regionaler Theater-
gruppen

Dabei kommen Kunstliebhaber und
Fans der alemannischen Sprache auf
ihre Kosten.
Kulturzentrum »Le Maillon«
13, pl. André Maurois; Bus 7

Straßenmarathon

Ein Volkslauf mit Kindern, Hunden
und viel guter Laune. Mehrere tau-
send Teilnehmer laufen die Strecken
von 5, 10 und 20 km.

Juni
Festival de Musique de Strasbourg

Die Veranstaltung bietet bis in den
Juli hinein mehrere Wochen lang
klassische Konzerte mit hochkaräti-
gen Orchestern und Solisten. Dabei
finden die meisten im Musik- und
Kongresspalast statt. Ein Erlebnis besonderer Art sind die Orgel- und
Chorkonzerte im Münster. Das
Festival ist auch im Ausland bekannt
und beliebt. Karten sollte man deshalb im Voraus bestellen:
Festival de Musique Internationale
24, rue de la Mésange; Tel. 03 88 32 43 10

Folkloretänze elsässischer Gruppen

Sonntags um 10.30 Uhr werden im
Hof des Rohan-Schlosses traditionel-
le Tänze aufgeführt. Eintritt frei.
Juni–Sept.

Musikfest zum Sommeranfang

Bei diesem Musikfest wird in ganz
Frankreich auf den Straßen gefeiert.
Abends wird in Straßburg an allen
Straßenecken musiziert. Jeder kann
mitmachen. In Frankreich hat sich die

uralte Tradition erhalten, den Sommer fröhlich zu empfangen. Weil man in den letzten Jahren vor lauter Fröhlichkeit nur noch schräge Töne hörte, hat die Stadtverwaltung die in Schwärmen auftretenden Rockgruppen entzerrt und auf verschiedene Plätze verteilt. 21. Juni

Juli
Foire Saint-Jean
Jahrmarkt auf dem Messegelände Wacken mit Achterbahn, Schaubuden, Wein- und Imbissständen.

Festival für Regionalmusik
Mit bunten Folkloregruppen: ein Fest der kulturellen und sprachlichen Vielfalt Europas.

Grande Braderie
An einem Samstag im Juli verlagern alle Straßburger Geschäftsleute ihren Verkauf auf die Straße. Die Innenstadt ist dann überfüllt, und Menschenmassen schieben sich durch die engen Gassen.

Nationalfeiertag
Die Militärparade am Nachmittag lockt viele Schaulustige an. Am Abend ist ganz Straßburg unterwegs, um das traditionelle Feuerwerk in La Petite France zu sehen. 14. Juli

August
Fête de la Bière
Das Bierfest in der Bierstadt Schiltigheim ist eine feucht-fröhliche Angelegenheit. Da empfiehlt sich eine deftige Grundlage: Sauerkraut. Das Bierfest ist jedoch nicht nur etwas für Trinkfreudige und Trinkfeste, sondern bietet auch Kleinkünstlern und Musikgruppen Gelegenheit, ihre Kunst zu präsentieren.
Information:
Tel. 03 88 82 90 00

September
Europamesse
Auf dieser größten Verbrauchermesse der Region sind durchschnittlich 1500 Austeller aus etwa 20 Ländern vertreten. Angeboten werden Möbel und Hausrat, landwirtschaftliche Geräte und Elektronik. Lohnend sind die Möbel, Holz- und Glasarbeiten der Handwerker der Region, die bei bester Verarbeitung wagemutige Formen und Farben zeigen. Ganz wichtig sind bei der Messe natürlich Wein und feine Speisen.

September/Oktober
Musica
Das moderne Musikfestival bietet eine breite Palette zeitgenössischer Klangkunst. Hier können Sie viele Uraufführungen erleben. Fast jedes Jahr denkt man sich einen anderen

MERIAN-Tipp

Die **Biermesse Eurobière** ist genau das, wovon Straßburger schon immer geträumt haben. Sie wird seit 1989 alle zwei Jahre veranstaltet und versammelt fast 180 Bierbrauer aus 20 Ländern auf dem Messegelände. Zu den Besonderheiten gehören Kirsch- und Himbeerbier aus Belgien ebenso wie ganz normale Biere aus Mexiko, Neuseeland, Singapur oder Tahiti. Natürlich gibt es auch das Potenzbier der elsässischen Brauerei Fischer, das allerdings in Maßen genossen werden soll. Immer im April.

gewöhnlichen Standort aus, um
m Musikgenuss zu frönen.

ovember
estival Européen des Écrivains
as Europäische Schriftstellerfestival
etet Bücherstände und versammelt
utoren zu Gesprächen und Lesun-
en in der Innenstadt.

undbüros

uständig für Fundsachen sind die
tadtverwaltung oder auch alle Poli-
eidienststellen. Wer etwas in Bahn,
us oder Taxi liegengelassen hat,
ollte sich an die Dienststellen der
taatlichen Eisenbahnen (SNCF) in
den Bahnhöfen, an die Direktion des
Busunternehmens (CTS) oder an die
eweilige Taxizentrale wenden.

Bureau des Objets trouvés
(Verwaltungszentrum)
■ F 17, S. 117
Pl. de l'Etoile; Tel. 03 88 60 96 96

Fundbüro der CTS (Stadtbusse)
14, rue de la Gare-aux-Marchandises;
Tel. 03 88 77 70 38

Fundbüro der Taxis ■ F 9, S. 113
Pl. de la République; Tel. 03 88 77 70 38;
alle Büros Mo–Fr 9–12 und 14–18 Uhr,
Sa 9–12 Uhr

Geld

Seit dem 1. Januar 1999 sind die Um-
rechnungskurse zwischen den
Währungen der Mitgliedsstaaten der
Europäischen Währungsunion und
dem Euro festgelegt. Preise sind in
diesem Reiseführer in Euro angegeben. Zur Erinnerung: 1 € = 1,95583
DM = 6,55957 FF. Am 1. Januar 2002
werden Euro-Banknoten und -Mün-
zen in Umlauf gebracht. Frühestens
zu diesem Termin werden Sie also
um die lästigen Wechselmodulitäten
herumkommen. Spätestens am 1. Juli

2002 verlieren dann die einzelstaatli-
chen Währungen – also auch der
französische Franc – ihre Gültigkeit
als gesetzliche Zahlungsmittel.

Kreditkarten sind in Frankreich
sehr gebräuchlich, vor allem die von
Visa, American Express, Eurocard
und Diners. Eurocheques werden bis
Ende 2001 in einer Höhe von 1400 FF
akzeptiert. Meist ist die Vorlage des
Passes oder Personalausweises erforderlich.

Internet

www.strasbourg.com
Die offizielle Webseite über Straßburg.
www.visit-alsace.com
Sehr ausführliche Informationen
über das Elsass.
www.tourisme68.asso.fr/
Reiseziele im Hochelsass rund um
Colmar in französischer Sprache.

Nebenkosten in Euro

1 Tasse Kaffee	0,90–1,80
1 Bier	2,25–3,00
1 Cola	1,50–2,00
1 Brot (ca. 500g)	1,50
1 Schachtel Zigaretten	1,80–2,70
1 Liter Benzin	1,10
Fahrt mit öffentl. Verkehrsmitteln (Einzelfahrt)	1,10
Mietwagen/Tag	ab 60,00

Stand: März 2001

Kinder

Halte-Garderie La Galipette

■ D 4, S. 109

Das sind Kinderhorte, in denen man die Kleinen für einige Stunden unter Aufsicht lassen kann. Es gibt sie in fast jedem Stadtviertel. Am Abend vorher ist eine Reservierung erforderlich. Die Gebühr schwankt zwischen 3 und 6 €. Aufgenommen werden Kinder ab 18 Monate bis 6 Jahre.
6, rue Finkmatt; Tel. 03 88 14 36 50

Parc de l'Orangerie (gegenüber dem Europarat)

■ E 8, S. 111

Im Park gibt es mehrere Kinderspielplätze und eine kleine elektrische Eisenbahn. Zu Weihnachten führen hier Kinder für Kinder die Weihnachtsgeschichte auf.

Parc de la Citadelle ■ E 21, S. 119
Dieser Park hat einen sehr schönen Kinderspielplatz.

Medizinische Versorgung

Die meisten Apotheken sind über Mittag geschlossen. In der Tageszeitung sind die Bereitschaftsdienste der Apotheken (Sondergebühr für Nachtdienste) und die Notdienste der Ärzte aufgeführt.

Notruf

Feuerwehr (pompiers): Tel. 18
Polizei (police): Tel. 17
Giftzentrale (Centre Anti-Poison): Tel. 03 88 37 37 37
Notarzt (Service d'Aide Médicale d'Urgence, SAMU): Tel. 15

Polizei

Commissariat Central ■ D 10, S. 113
11, rue de la Nuée-Bleue;
Tel. 03 88 15 37 37

Post

Briefmarken sind außer in Postämtern auch in Tabakläden erhältlich. Briefmarken für Ansichtskarten und Briefe bis 20 g nach Deutschland, Schweiz und Österreich kosten 0,46 €, für Briefe über 20 g 0,70 €, für Päckchen bis 100 g 1,22 €, bis 200 2,74 €, bis 500 g 5,34 €.

Postämter
– Poste Centrale (Hauptpost)
5, av. de la Marseillaise ■ A 14, S. 114
– Pl. de la Bourse
– Pl. de la Cathédrale ■ E 11, S. 113
– Pl. de la Gare ■ A 10, S. 112
– Pl. des Halles ■ C 9, S. 112
Öffnungszeiten der Postämter:
Mo–Fr 8–18.30, Sa 8–12 Uhr

Reisedokumente

EU-Bürger sollten für den Fall von Stichprobenkontrollen einen Reisepass oder Personalausweis mit sich führen, Kinder unter 16 Jahren einen Kinderausweis, falls sie nicht im Pass der Eltern eingetragen sind.

Reisewetter

Am schönsten ist es in Straßburg im Frühjahr und Sommer, allerdings kann es im August sehr warm werden. Dennoch eignet sich dieser Monat besonders zu einem Besuch, da das Verkehrsaufkommen dann erheblich geringer ist.

Sport

Fußball
Fußballfreunde gehen ins **Stadion La Meinau** (12, rue Extenwoerth) mit 43 000 Plätzen, um einem Spiel des örtlichen Klubs »«Racing de Strasbourg zuzuschauen.

Joggen
Wer nicht auf Dauerlauf oder Marathontraining verzichten möchte, fin-

...et am **Fuchs-am-Buckel** oder am
...hâteau de Pourtalès die geeigne-
...n kilometerlangen Wege (geteert
...nd Waldboden).
...uchs-am-Buckel
nördlich ■ F 5, S. 111
...oute de la Wantzenau; Bus 72
...hâteau de Pourtalès
nordöstlich ■ F 5, S. 111
...ue Mélanie; Strasbourg-Robertsau;
...us 15, 23

...Wandern/Skilanglauf
...Die Vogesen sind im Sommer belieb-
...e Wandergebiete und im Winter das
...Ziel von Skilangläufern. Informieren
...kann man sich im Verkehrsamt und
...über das Wandern zusätzlich beim
...Club Vosgien
...16 rue, rue Ste-Helène; Tel. 03 88 32 57 96

Sprache

Franzosen spricht man höflichkeits-
halber am besten auf Französisch an.
Die Zahl der Elsässer, die Deutsch
sprechen, nimmt ab.

Stadtrundfahrten

Mit dem Fahrrad
Für die 300 km Fahrradwege in und
rund um Straßburg gibt es drei Fahr-
radvermietungen. Pro Tag kostet ein
Fahrrad mit Gepäcktaschen und
dicker Sicherheitskette 4,60 €, wobei der Ausweis und 45 € Kaution
hinterlegt werden müssen (→ MERI-
AN-Tipp, S. 102).
Velocation Sainte-Aurelie
1, bd. de Metz (neben dem Bahnhof)
Velocation Cathédrale ■ E 11, S. 113
Pl. du Château (hinter dem Münster)
Velocation Place de l'Etoile (am Verwaltungszentrum

Mit dem Mini-Zug
Eine Bimmelbahn fährt durch die
Altstadt, per Tonband werden die
Sehenswürdigkeiten erläutert.
Dauer: 50 Min.
Treffpunkt: Pl. du Château
Abfahrt: alle 30 Min.; Mai und Juni
9.30–18.30; Juli–17. Sept. 9.30–19, 18.
Sept.–14. Okt. 9.30–17 Uhr, April und Nov.
verkürzt
Erwachsene 4,40 €, Kinder bis zu
12 Jahren 2,30 €

Die Klimadaten von Straßburg

		Januar	Februar	März	April	Mai	Juni	Juli	August	September	Oktober	November	Dezember
Durchschnitti. Temp. in °C	Tag	3,4	5,4	11,1	15,5	19,7	23,0	24,8	24,7	20,8	14,4	8,1	3,9
	Nacht	-2,3	-1,7	1,0	4,5	8,2	11,5	13,4	13,0	10,3	5,7	2,3	-1,0
Sonnenstunden pro Tag		1,6	2,4	4,8	6,3	6,8	6,8	7,3	7,0	5,6	4,0	1,6	1,2
Regentage		15	13	12	13	13	14	14	13	12	12	13	14

Quelle: Deutscher Wetterdienst, Offenbach

Stadtrundgang durch die Altstadt
Unter der Leitung eines Führers. Dauer: 1 oder 2 Std.
Juli und Aug. tgl.
Preis: 5,80 €, Kinder bis zu 12 Jahren frei
Treffpunkt und Kartenverkauf:
Office du Tourisme   ■ D 4
17, pl. de la Cathédrale

Telefon und Handy

Von einer Telefonzelle aus kostet ein sechsminütiges Stadtgespräch zwischen 8 und 19 Uhr 0,30 €. Nachts und sonntags telefoniert man zum halben Preis. Für die Bundesrepublik und die Schweiz gilt der Einheitstarif von 0,32 € pro Min., für Österreich 0,38 €. Zum Telefonieren braucht man eine Telefonkarte (**Télécarte**), da es keine Münzfernsprecher mehr gibt. Telefonkarten sind im Postamt, Tabakgeschäft und am Bahnhof erhältlich.

Alle französischen Telefonnummern sind zehnstellig. Die ersten beiden Ziffern für Straßburg sind immer 03. Bei einem Anruf aus dem Ausland nach Frankreich entfällt allerdings die 0 vor der 3; also nur 00333 …

Falls Sie Ihr Handy aus Deutschland mitbringen, können Sie ohne weitere Vorwahl nach Deutschland telefonieren. Straßburger Telefonnummern muss die französische Auslandsvorwahl vorangestellt werden.

Ferngespräche
D, A, CH → F 00 33
F → D 00 49
F → A 00 43
F → CH 00 41

Rückruf
In öffentlichen Telefonzellen mit einem Aufkleber (dunkelblaue Glocke) können Sie sich unter der in der Telefonzelle angegebenen Nummer zurückrufen lassen.

Telefonauskunft (renseignements téléphoniques), Tel. 12
Telegrammaufnahme (télégramme téléphonés), Tel. 36 55
Weckdienst (réveil par téléphone), Tel. 36 88
Zeitansage (horloge parlante), Tel. 36 99

Trinkgeld

Normalerweise ist der Service im Restaurant in der Rechnung inbegriffen. Es ist aber allgemein üblich, bei gutem Service je nach Zufriedenheit 10–15 Prozent der Summe als Trinkgeld zu geben. Taxifahrer freuen sich über 10–15 Prozent Aufschlag als Trinkgeld.

Verkehrsverbindungen

Bei der Anreise mit dem Auto empfiehlt sich in Straßburg die Beachtung von zwei Grundregeln: das Fahrzeug möglichst rasch auf einem Parkplatz oder in einer Tiefgarage abstellen und nichts im Innenraum liegen lassen. Verkehrsinfarkt und Parkplatznot sind auch in Straßburg schlimm. Zudem werden Autos am laufenden Band aufgebrochen, auch wenn nur eine Schachtel Zigaretten auf dem Sitz die Aufmerksamkeit der flinken Langfinger erregt. Fahrzeuge mit ausländischen Kennzeichen sind besonders beliebt. Sollte das Fahrzeug bei Ihrer Rückkehr verschwunden sein, muss es nicht unbedingt gestohlen worden sein. Die Polizei sagt Ihnen, ob es vielleicht nur abgeschleppt wurde, weil es – gewiss irrtümlich – verkehrsbehindernd geparkt war oder im absoluten Halteverbot stand.

Bewachte Parkhäuser gibt es am Bahnhof, im Einkaufszentrum Centre Halles, im Kaufhaus Printemps und an den Plätzen Austerlitz, Gutenberg, Kléber und Broglie. Achtung: Hinweisschilder signalisieren **complet**

esetzt) oder **libre** (frei). Die meis-
en Parkhäuser schließen mehrere
tunden in der Nacht, die Parkge-
ühr für eine Stunde kostet bis zu
,50 €.

Die zulässige Höchstgeschwindig-
eit im Stadtgebiet liegt bei 50 km/h.

Öffentliche Verkehrsmittel

s gibt vier Straßenbahnlinien. Die
inie A verbindet auf ihrem Weg
urch das Stadtzentrum die Vororte
lkirch-Graffenstaden und Hautepier-
e. Die Linie D verkehrt zwischen Ro-
onde und Etoile Polygone, die Linie
B zwischen Hoenheim Gare und Elsau und die Linie C zwischen Esplanade und Elsau. Ein Einzelfahrschein,
der auch für Busse gilt, kostet 1,10 €.
Die grau-weißen Autobusse der Com-
pagnie de Transport Straßbourgeois
(CTS) ergänzen die Tram-Strecke.
Haltestellen erkennt man an den gelben Schildern, auf denen die Linien
der Busse angegeben sind. Prinzi-
piell verkehren die Busse sternförmig
vom Stadtzentrum oder Bahnhof in
die verschiedenen Außenbezirke. Die
Linie 10 führt im Kreisverkehr um
den Stadtkern herum.

Fahrscheine

Der Einzelfahrschein, mit dem man
auch umsteigen kann, kostet 1,06 €.
Hefte mit jeweils fünf Fahrscheinen
(**carnet**), die es u. a. an Zeitungskio-
sken und auf Postämtern gibt, kosten
5 €. Für Kinder zwischen 4 und 12
Jahren kosten die Fahrscheinhefte
4 €. Das 24-Stunden-Ticket (Tour-
pass) kostet 3 €. Für Tagungsteilneh-
mer, die mindestens drei Tage blei-
ben, gibt es einen »Sympo-Pass« für
Busse, der pro Tag 2 € kostet. Der
Pass muss vom Kongressveranstalter
schriftlich angefordert werden bei
der CTS, 14, rue de la Gare aux Marchandises, BP 2, 67002 Strasbourg.

Mietwagen

Ein Mietwagen der Mittelklasse ko-

stet pro Tag inklusive Versicherung
bis zu 244 € bei unbegrenzter Kilo-
meterzahl. Wochenendtarife für drei
Tage inklusive Versicherungen und
einer Pauschale von 900 km liegen
bei 122 bis 168 €.

Einer der bekanntesten Anbieter
ist sicher:
Avis
– In der Bahnhofshalle;
Tel. 03 88 32 30 44
– Am Flughafen; Tel. 03 88 68 82 53

Aus der Stadt heraus

Die Autobahnanschlüsse in Richtung
Süden und zum Flughafen Entzheim
ebenso wie in Richtung Saverne,
Metz und Paris erreichen Sie vom
Zentrum aus am besten über die Place de la République, Avenue des
Vosges bis zur Place de Haguenau.
Zur Europabrücke Kehl führt der Weg
vom Stadtzentrum aus über die Place
de l'Etoile am Verwaltungszentrum
die Route du Rhin entlang. Von
Deutschland kommend ist der direk-
te Weg nach Colmar, zum Flughafen
Entzheim oder Paris bereits kurz hinter der Europabrücke ausgeschildert.

MERIAN-Tipp

Mit dem Rad durch Straßburg Auf einem »spre-
chenden« Fahrrad, das mit
Stadtplan und Lautsprecher
ausgestattet ist und Erläute-
rungen von 16 ausgewählten
Sehenswürdigkeiten liefert,
fährt man auf einem Rundweg
von 8 km vorbei am Münster,
durch die Altstadt La Petite
France bis zu den europäischen
Institutionen. Velocation Cathédrale; Pl. du Château;
Tel. 03 88 21 06 38 oder
03 88 35 11 65; tgl. 9–18 Uhr
■ E 11, S. 113

Taxis
Man geht entweder zu einem Taxistand oder bestellt einen Wagen telefonisch. Eine Fahrt vom Bahnhof ins Stadtzentrum kostet zwischen 5 und 6 €, vom Flughafen etwa 30 €.

Taxizentrale　■ F 9, S. 113
Pl. de la République
Tel. 03 88 36 13 13 und 03 88 22 19 19
(rund um die Uhr)

Taxistände
– Palais de l'Europe　　■ E 7, S. 111
– Pl. du Château (des Rohan)
　　　　　　　　　　　■ E 11, S. 113
– Pl. de la Gare　　　　■ A 9, S. 112
– Pl. de l'Hôpital　　　■ E 12, S. 113

Zeitungen

Die größte elsässische Tageszeitung ist die in Straßburg erscheinende (auch am So) *Dernières Nouvelles d'Alsace*, die auch in einer deutsch-französischen Ausgabe erscheint. Unter der Rubrik »Aujourd'hui« sind im Lokalteil Notrufnummern, diensttuende Ärzte und Apotheken und besondere Veranstaltungen des Tages aufgeführt. Die zweitgrößte elsässische Tageszeitung ist *L'Alsace*, ebenfalls mit einer deutsch-französischen Ausgabe.

Zoll

Die Zollkontrollen an deutsch-französischen Grenzen sind mit der Einführung des EU-Binnenmarktes entfallen, nicht aber eventuelle Sicherheitskontrollen. Ein- und Ausfuhrbeschränkungen für Nahrungs- und Genussmittel für den Privatverbrauch gibt es nicht mehr. Wer offensichtlich Waren für den Handel transportiert, muss mit Versteuerung rechnen. Für Schweizer und für den Duty-free-Einkauf gelten folgende Mengenbeschränkungen: 50 g Parfüm oder 0,25 l Eau de Toilette, 1 l Spirituosen oder 2 l Likör und 2 l Wein, 200 Zigaretten oder 100 Zigarillos oder 50 Zigarren oder 250 g Tabak.

Täglich um 12.30 Uhr bewegen sich die Figuren der Astronomischen Uhr des Münsters (→ S. 38).

Entfernungen zwischen Sehenswürdigkeiten (in Gehminuten)

	Cathédrale	Conseil de l'Europe	Cour des Droits de l'Homme	Petit France	Maison Kammerzell	Maison des Tanneurs	Palais de la Musique	Palais des Rohan	Parc de l'Orangerie	Ponts Couverts	Saint Thomas
Cathédrale	–	30	40	15	2	15	25	5	30	20	15
Conseil de l'Europe	30	–	5	35	30	40	20	30	5	40	35
Cour des Droits de l'Homme	40	5	–	45	40	45	30	35	10	45	40
Petit France	15	35	45	–	15	0	30	20	35	5	5
Maison Kammerzell	2	30	40	15	–	15	25	5	30	20	10
Maison des Tanneurs	15	40	45	0	15	–	35	15	30	15	15
Palais de la Musique	25	20	30	30	25	35	–	30	15	45	40
Palais des Rohan	5	30	35	20	5	15	30	–	25	30	15
Parc de l'Orangerie	30	5	10	35	30	30	15	25	–	45	35
Ponts Couverts	20	40	45	5	20	15	45	30	45	–	15
Saint Thomas	15	35	40	5	10	15	40	15	35	15	–

Vor 4. Jahrhundert v. Chr.
In vorhistorischen Zeiten siedelten Fischer an der Stelle der heutigen Stadt, die damals ein kleiner Hügel in sumpfigem Gelände war.

4. Jahrhundert v. Chr.
Die Kelten gründen eine Niederlassung an den Ufern der Ill.

12 v. Chr.
Die Römer gründen an dem keltischen Siedlungsplatz ein befestigtes Heerlager namens Argentoratum. Aus dem lateinischen Namen (argentum: Silber, Geld) entwickelte sich im Laufe der Jahrhunderte »Strateburg«, die »Burg an den Straßen«. Unter der römischen Militärherrschaft entwickelten sich Handel und Gewerbe.

357
Der römisch Kaiser Julian besiegt bei Straßburg die Alemannen unter König Chnodomar.

14. 2. 842
Die Könige Ludwig der Deutsche und Karl der Kahle schließen mit den berühmten »Straßburger Eiden« einen Bündnisvertrag gegen ihren Bruder Lothar. Dieser Vertrag ist das erste Dokument in den Umgangssprachen beider Völker: Althochdeutsch und Altfranzösisch.

925
Straßburg und das Elsass werden Teil des Herzogtums Schwaben und damit des »Heiligen Römischen Reiches Deutscher Nation«.

1015
Unter Bischof Wernher von Habsburg wird mit dem Bau des Straßburger Münsters begonnen.

13. Jahrhundert
Straßburg wird Freie Reichsstadt und hat dadurch den Status einer Stadtrepublik mit einer Verfassung einem Wappen und eigener Geldprägung. Der Wein- und Getreidehande bildet die Grundlage der Wirtschaft

15./16. Jahrhundert
Die Stadt im katholischen Elsass wird eine der Hochburgen der Reformation und des Humanismus.

1621
Gründung der Universität Straßburg Die Universität hat heute 35 000 Studenten.

1681
Der französische Sonnenkönig Ludwig XIV. annektiert die Stadt, die damit ihre Unabhängigkeit verliert. Ihr Ruf als Universitätsstadt zieht Studenten aus ganz Europa nach Straßburg.

1770/71
Der junge Goethe studiert in Straßburg Rechtswissenschaften.

1792
Der Offizier Rouget de Lisle komponiert das »Kriegslied für die Rheinarmee«, die spätere Nationalhymne »La Marseillaise«.

1805/06
Das kaiserliche Ehepaar Napoleon und Josephine besucht die Stadt.

1848–1854
Louis Pasteur, der Erfinder der Impfung gegen Tollwut, lehrt an der Universität.

1870
Nach der Kapitulation Frankreichs im Deutsch-Französischen Krieg wird Straßburg Teil des Reichslandes Elsass-Lothringen.

1918
Nach dem Ersten Weltkrieg wird Straßburg wieder französisch.

940
ie Nationalsozialisten annektieren
e Stadt. Eine große Zahl von
lsässern wird zwangsweise in die
eutsche Armee eingegliedert.

3. 11. 1944
traßburg wird von französischen
ruppen unter General Leclerc be-
reit.

1949
Gründung des Europarates mit heute 23 Mitgliedsstaaten.

1958
Das Europaparlament tagt erstmals
in der Universität in Straßburg. Bis
zu einer Entscheidung der 12 EU-
Regierungen bleibt die Stadt provi-
sorischer Sitz des Europaparlaments.

1959–1983
Als Bürgermeister von Straßburg
setzt sich der Christdemokrat Pierre
Pflimlin 24 Jahre lang für die europäische Funktion der Stadt ein.
1984 wird der überzeugte Europäer
und Verfechter der deutsch-französischen Aussöhnung für zweieinhalb
Jahre zum Präsidenten des
Europaparlamentes gewählt.

März 1989
Erstmals seit 1929 kehren die Sozia-
listen in das Rathaus zurück. Zur
allgemeinen Überraschung wird die
38-jährige Protestantin Catherine
Trautmann als Bürgermeisterin gewählt, die als erste Amtshandlung
ein kostspieliges U-Bahn-Projekt
ihres konservativen Amtsvorgängers
Marcel Rudloff stoppt. Sie engagiert
sich sehr für den grenzüberschrei-
tenden Umweltschutz.

Juli 1989
Der sowjetische Staats- und Partei-
vorsitzende Gorbatschow besucht
den Europarat und erläutert sein

Konzept des »Europäischen Hauses«. Im Zuge der Umwälzungen im
Osten beantragen immer mehr osteuropäische Länder eine Mitglied-
schaft in der Staatenorganisation.

Dezember 1989
Die zwölf Staats- und Regierungschefs der Europäischen Union kommen auf Wunsch der französischen
Ratspräsidentschaft zu ihrem Gipfeltreffen nach Straßburg.

Dezember 1992
Auf dem Gipfeltreffen der zwölf
EU-Länder in Edinburgh wird Straß-
burg offiziell als Tagungsort des
Europaparlaments bestätigt.

Juni 1995
Einweihung des neuen Gebäudes
des Gerichtshofes für Menschenrechte. Ab November 1998 wird die
Reform durch die Zusammenlegung
von Kommission und Gerichtshof
wirksam.

10. und 11. Oktober 1997
Zweites Gipfeltreffen der 40 Mit-
gliedsländer des Europarates:
Thema sind die demokratischen
Reformen in Mittel- und Osteuropa.
Der französische Staatspräsident
Jacques Chirac, Bundeskanzler
Helmut Kohl und der russische
Präsident Boris Jelzin vereinbaren
regelmäßige Dreier-Treffen.

Juli 1999
Einweihung des neuen Gebäudes
des Europaparlaments. Dieses wurde in Anbetracht der anstehenden
Erweiterung der Europäischen Union
notwendig. Das Gebäude enthält
Büros und einen Plenarsaal mit Sitz-
plätzen für 750 Parlamentarier.

Februar 2000
Grundsteinlegung für eine zweite
Rheinbrücke südlich von Straßburg.

Aussprache

~ über einem Vokal bedeutet, dass
  er nasal ausgesprochen wird:
ã wie z.B. in chance
ä wie in terrain
õ wie in Bonbon

Wichtige Wörter und Ausdrücke

Ja	*oui [ui]*
Nein	*non [nõ]*
Bitte	*s'il vous plaît [sil wu plä]*
Danke	*merci [mersi]*
Und	*et [e]*
Wie bitte?	*comment? [komã]*
Ich verstehe nicht	*je ne comprends pas [schön kõmprã pa]*
Entschuldigung	*pardon/excusez-moi [pardõ/ exküseh-moa]*
Guten Morgen/ Tag	*bonjour [bõschur]*
Guten Abend	*bonsoir [bõsuar]*
Hallo	*salut [salü]*
Ich heiße	*je m'appelle [schö mapäl]*
Ich komme aus	*je suis de [schö süi dö]*
Wie geht es Ihnen/Dir?	*comment allez-vous/vas-tu [kommã alleh-vu/ va-tü]*
Danke, gut	*bien, merci [bjä mersi]*
Wer, was, welcher	*qui, que, lequel [ki, kö, lökel]*
Wie viel	*combien [kombiä]*
Wo ist	*où-est [u-ä]*
Wann	*quand [kõ]*
Wie lange	*combien de temps [kõbiäd tã]*
Sprechen Sie Deutsch?	*parlez-vous allemand [parle-vu almã]*
Auf Wiedersehen	*au revoir [oh rövuar]*
heute	*aujourd'hui [oschurdüi]*
morgen	*demain [dömã]*
gestern	*hier [jär]*

Zahlen

eins	*un [ä]*
zwei	*deux [döh]*
drei	*trois [troa]*
vier	*quatre [katr]*
fünf	*cinq [säk]*
sechs	*six [sis]*
sieben	*sept [set]*
acht	*huit [üit]*
neun	*neuf [nöf]*
zehn	*dix [dis]*
hundert	*cent [sã]*
1000	*mille*
10 000	*dix mille*
100 000	*cent mille*
1 000 000	*un million*

Unterwegs

Wie weit ist es	*combien de kilomètre y a-t-il [kombiä dö kilomätr i jatil]*
Es ist weit	*c'est loin [sä luã]*
Wo ist	*où se trouve [us truv]*
– die nächste Werkstatt	*le garage le plus proche [le garasch le plü prosch]*
– der Bahnhof/ Busbahnhof	*la gare (routière) [la gar/gar rutjär]*
– U-Bahn-Haltestelle/	*l'arrêt du métro/ [larrä dü metroh]*
– Bus-Station	*l'arrêt d'autobus [larrä dotobüs]*
– der Flughafen	*l'aéroport [laehropor]*
– eine Bank	*une banque [ün bãk]*
– eine Tankstelle	*une station-service [ün stasjõ servis]*
Ich suche einen Arzt/eine Apotheke	*je cherche un médecin/une pharmacie [schö schersch ä mehdsä/ ün farmasi]*
Bitte volltanken!	*le plein, s'il vous plaît [lö plä sil vu plä]*
Normalbenzin	*l'essence [lesãs]*
Super	*super [süper]*

...esel	gas-oil [gasual]
...ach rechts/ links	à droite/gauche [a druat/gohsch]
...eradeaus	tout droit [tu drua]
...h möchte ein Auto/Fahrrad mieten	je voudrais louer une voiture/bicyclette [jö vudrä lueh ün voatür/bisiclät]
...s ist ein Unfall passiert	il y a un accident [il ja än aksidä]
...ine einfache Fahrt 2. Klasse/ 1. Klasse nach...	un aller deuxième/ première classe pour... [än aleh döhsjäm/prömjär klas pur]

Hotel

Ich suche ein Hotel	je cherche un hôtel [schö schersch ä ohtäl]
Haben Sie noch Zimmer frei?	Avez-vous encore des chambres libres? [aveh-vu ãkor deh schäbrö libr]
– für eine Woche	– pour une semaine [pur ün sömän]
Ich habe ein Zimmer reserviert	j'ai réservé une chambre [schä reserveh ün schäbrö]
Wie viel kostet das Zimmer?	combien coûte la chambre? [kombiä kut la schäbrö]
– mit Frühstück	avec petit déjeuner compris [awek pti dehschöneh kõpris]
Kann ich das Zimmer sehen?	est-ce que je peux voir la chambre? [äs kö schö pöh vuar la schäbr]
Ich nehme das Zimmer	je prends la chambre [schö prä la schäbr]

Restaurant

Die Speisekarte bitte	la carte, s'il vous plaît [la kart sil vu plä]
Die Rechnung bitte	l'addition, s'il vous plaît [ladisjõ sil vu plä]

Ich nehme...	je prends... [schö prä]
Wo finde ich die Toiletten (Damen/ Herren)	où sont les toilettes (dames/hommes) [u sõ leh toalät (dam/om)]
Kellner	garçon [garsõ]
Frühstück	petit déjeuner [pti dehschöneh]
Mittagessen	déjeuner [dehschöneh]

Einkaufen

Wo finde ich ...?	où est-ce qu'on peut acheter? [u äs kõ pöht aschteh]
Haben Sie?	vous avez? [vus aweh]
Wie viel kostet das?	combien ça coûte? [kõbiä sa kut]
Das ist zu teuer	c'est trop cher [sä tro schär]
100 g/ein Kilo	cent grammes/un kilo de [doneh moa sã gram/ä kiloh dö]
Markt	marché [marscheh]
Metzgerei	boucherie [buschri]
Haushaltswaren	articles ménagers [artikl mehnascheh]
Lebensmittelgeschäft	épicerie [ehpisri]
Briefmarken für einen Brief/ eine Postkarte nach Deutschland/Österreich/in die Schweiz	des timbres pour une lettre/carte postale pour l'Allemagne/l'Autriche/ Suisse [deh täbr pur ün lettr/ün kart postal pur lalman/ lotrisch/la süis]

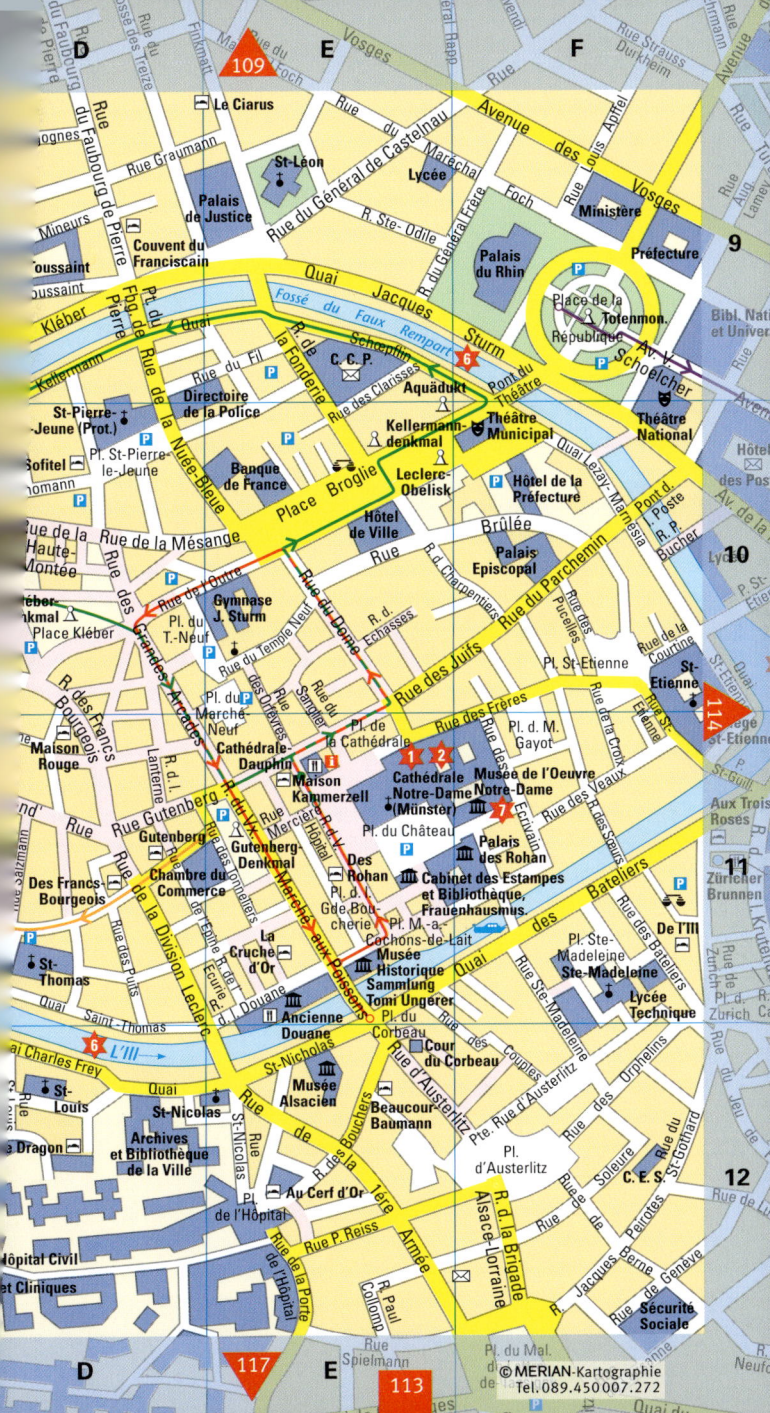

A
Allée de l'Orangerie
Joséphine F13, 115
Allée de la Robertsau D8, 111
Allée des Droits de l'Homme
F7, 111
Allée des Platanes C23, 118
Allée des Soupirs B6, 110
Allée du Général Rouvillois
C16, 114
Allée du Printemps C6, 110
Allée du Schluthfeld E18, 117
Allée Kastner F7, 111
Allée René Cassin F6, 111
Allée Spach D8, 111
Av. Aristide Briand D23, 119
Av. d'Alsace A13, 114
Av. de l'Europe D8, 111
Av. de la Fôret-Noire
C14, 114
Av. de la Liberté A14, 114
Av. de la Marseillaise
A14, 114
Av. de la Paix A13, 114
Av. des Vosges D4, 109
Av. du Général de Gaulle
D16, 115
Av. du Prés. R. Schuman
D7, 111
Av. Herrenschmidt A6, 110
Av. Herrenschmidt F2, 109
Av. Jean Jaurès A22, 118
Av. Leon Dacheux F20, 117
Av. Pierre Mendès-France
A5, 110
Av. Schutzenberger
B7, 110
Av. V. Schoelcher F9, 113

B
Bd. Clemenceau E4, 109
Bd. d'Anvers D14, 115
Bd. de Dresde C6, 110
Bd. de l'Orangerie
E13, 115
Bd. de la Dordogne
C13, 114
Bd. de la Marne E15, 115
Bd. de la Victoire A14, 114
Bd. de Lyon A12, 112
Bd. de Metz A10, 112
Bd. du Président Edwards
D8, 111
Bd. du Président Poincaré
C4,108
Bd. du Président Wilson
B9, 112
Bd. Gambetta A8, 110
Bd. Jacques Preiss B8, 110
Bd. Johann Sebastian Bach
F14, 115
Bd. Leblois D15, 115

Bd. Paul Déroulède D8, 111
Bd. Tauler D13, 115

C
Chemin de Doernelbruck
E5, 111
Chemin des Deux Ponts
C2, 108
Chemin des Paquerettes
E2, 109
Chemin du Heyritz C17, 116
Chemin du Stade C6, 110
Chemin du Wacken B6, 110
Chemin Fried D23, 119
Chemin Haut A3, 108
Chemin Heyritzweg B17, 116
Chemin Raltauweg A18, 116
Chemin Rural Kammattwe
B20, 116
Cité Spach E15, 115
Contades A8, 110

F
Fossé du Faux Rempart
E9, 113

G
Grand' Rue B10, 112

I
Impasse des Bosquets
E7, 111

P
Passage Ducrot C8, 110
Petit Heyritz C18, 116
Petite Rue d'Austerlitz
F12,113
Petite Rue de la Course
A10, 112
Pl. Albert 1er F14, 115
Pl. Arnold D14, 115
Pl. Broglie E10, 113
Pl. Claire C1, 108
Pl. Golbery C13, 114
Pl. Henry Dunant B11, 112
Pl. Kléber D10, 113
Pl. Marché-aux-Cochons-de-
Lait E11, 113
Pl. Saint-Etienne F10, 113
Pl. Saint-Nicolas-aux-Ondes
B15, 114
Pl. Saint-Pierre-le-Jeune
D10, 113
Pl. Sainte-Madeleine F11, 113
Pl. Sébastien Brant B14, 114
Pl. Ungerer B8, 110
Pl. d'Athènes C16, 114
Pl. d'Austerlitz F12, 113
Pl. d. l. Gde. Boucherie
E11, 113
Pl. d. M. Gayot F11, 113

Pl. de Bordeaux A7, 110
Pl. de Haguenau C4, 108
Pl. de Zurich A15, 114
Pl. de l'Abattoir A1, 108
Pl. de l'Etoile F17, 117
Pl. de l'Homme-de-Fer
C10, 112
Pl. de l'Hôpital E12, 113
Pl. de l'Université B14, 114
Pl. de la Cathédrale E11, 11
Pl. de la Foire d'Exposition
B6, 110
Pl. de la Gare A10, 112
Pl. de la République F9, 113
Pl. de la Ziegelau A24, 118
Pl. des Glycines D7, 111
Pl. des Halles C9, 112
Pl. des Moulins C11, 112
Pl. du Bois de Rose
E18, 117
Pl. du Château E11, 113
Pl. du Cygne B12, 112
Pl. du Faubourg de Pierre
D4, 109
Pl. du Foin B16, 114
Pl. du Mal. de Lattre-de-
Tassigny F17, 117
Pl. du Marché Neudorf
A24, 118
Pl. du Marché-Neuf E10, 113
Pl. du Temple-Neuf D10, 113
Pont du Fbg. de Pierre
D9, 113
Pont J. F. Kennedy B14, 114
Pont Louis Pasteur A17, 116
Pont Royal A14, 114
Pont Saint-Martin C11, 112
Pont Saint-Thomas D12, 113
Pont St-Etienne A14, 114
Pont St-Guillaume A15, 114
Pont W. Churchill C21, 118
Pont Zæpfel E7, 111
Pont A. Deutsch A13, 114
Pont d'Austerlitz F17, 117
Pont d'Auvergne A14, 114
Pont de Paris C9, 112
Pont de Saverne C10, 112
Pont de Schiltigheim
F2, 109
Pont d. l. Poste F10, 113
Pont de l'Ancre A18, 116
Pont de la Bourse F17, 117
Pont de la Dordogne
C8, 110
Pont de la Porte de l'Hôpital
E17, 117
Pont de la Rose Blanche
E7, 111
Pont des Vosges A13, 114
Pont du Heyritz B17, 116
Pont du Théâtre F10, 113
Ponts Couverts B11, 112

romenade du Luxembourg
5, 115

Quai Charles Altorffer
11, 112
Quai Charles Frey D12, 113
Quai de l'Orangerie F7, 111
Quai de la Petite-France
11, 112
Quai de la Tuilerie E23, 119
Quai de Paris C10, 112
Quai des Alpes A21, 118
Quai des Bateliers F11, 113
Quai des Belges F16, 115
Quai des Pêcheurs A15, 114
Quai Desaix B10, 112
Quai du Canal de la Marne au
Rhin C5, 110
Quai du Chanoine Winterer
C8, 110
Quai du Doernelbruck E5, 111
Quai du Général Kœnig
F17, 117
Quai du Maire Dietrich
A14, 114
Quai Edmond Valentin
A13, 114
Quai Ernest Bevin D6, 111
Quai Finkwiller C11, 112
Quai Fustel de Coulanges
E17, 117
Quai Jacoutot F7, 111
Quai Jacques Sturm E9, 113
Quai Kellermann D10, 113
Quai Kléber C10, 112
Quai Koch A14, 114
Quai Koch A14, 114
Quai Lezay-Marnésia
F10, 113
Quai Louis Pasteur B17, 116
Quai M. Barres A6, 110
Quai Mathiss B12, 112
Quai Maurice Barres E3, 109
Quai Mullenheim C8, 110
Quai Rouget de Lisle
B14, 114
Quai Saint-Etienne A14, 114
Quai Saint-Jean B10, 112
Quai Saint-Nicholas D12, 113
Quai Saint-Thomas D11, 113
Quai Schœpflin D9, 113
Quai Turckheim B11, 112
Quai Zorn B8, 110

R
Rond-Point de l'Esplanade
C16, 114
Rond-Point Gare aux
Marchandises A4, 108
Rond-Point P. Mendès-France
F17, 117

Route de Bischwiller D2, 109
Route de Brumath D2, 109
Route de Colmar E19, 117
Route de Général de Gaulle
C1, 108
Route de l'Hôpital E17, 117
Route de la Fédération
A18, 116
Route de la Wantzenau
E7, 111
Route de Vienne F17, 117
Route du Polygone F18, 117
Route du Rhin A21, 118
Rue A. Calmette F1, 109
Rue Adéle Riton C4, 108
Rue André Jung D8, 111
Rue Aug. Lamey A13, 114
Rue Baldner F19, 117
Rue Beethoven E14, 115
Rue Berlioz E14, 115
Rue Blaise Pascal C16, 114
Rue Bœcklin F7, 111
Rue Boudhors D8, 111
Rue Brahms E13, 115
Rue Brûlée E10, 113
Rue Calvin A15, 114
Rue Ch. Bergmann D8, 111
Rue Ch. Grad B8, 110
Rue Champetre D23, 119
Rue Charles Appell A8, 110
Rue Chopin D13, 115
Rue Cl. Chappe B4, 108
Rue Claire B1, 108
Rue Contades A5, 110
Rue Daniel Hirtz D13, 115
Rue Déserte A10, 112
Rue d'Ankara D21, 119
Rue d'Arras F14, 115
Rue d'Aubure B24, 118
Rue d'Austerlitz E12, 113
Rue d'Ensisheim C24, 118
Rue d'Epinal D18, 117
Rue d'Erstein F18, 117
Rue d'Eschau B23, 118
Rue d'Istanbul D21, 119
Rue d'Orbey D24, 119
Rue d'Oslo E16, 115
Rue d'Ostende F15, 115
Rue d'Upsal F16, 115
Rue d'Ypres F14, 115
Rue d. Anémones C7, 110
Rue d. Charpentiers F10, 113
Rue d. Echasses E10, 113
Rue d. Général Ganeval
A11, 112
Rue d. Muguets C7, 110
Rue d. V. Hôpital E11, 113
Rue de Bale B23, 118
Rue de Barr D1, 109
Rue de Beblenheim C24, 118
Rue de Belfort D18, 117
Rue de Benfeld B23, 118

Rue de Bergheim C23, 118
Rue de Berne F12, 113
Rue de Bischwiller C4, 108
Rue de Bitche F4, 109
Rue de Boston D21, 119
Rue de Bourtzwiller A23, 118
Rue de Bouxwiller C4, 108
Rue de Brisach E24, 119
Rue de Bruges E14, 115
Rue de Bruxelles E14, 115
Rue de Cernay C24, 118
Rue de Champagne C1, 108
Rue de Chatenois F19, 117
Rue de Copenhague D16, 115
Rue de Dambach D23, 119
Rue de Dornach E20, 117
Rue de Douai F14, 115
Rue de Fegersheim D23, 119
Rue de Ferrette F19, 117
Rue de Flandre E15, 115
Rue de Freland E24, 119
Rue de Geispolsheim A22, 118
Rue de Genève F12, 113
Rue de Gerstheim E24, 119
Rue de Haguenau D4, 109
Rue de Huningue D24, 119
Rue de Kehl F16, 115
Rue de Kembs B23, 118
Rue de Labaroche C24, 118
Rue de Lausanne F17, 117
Rue de Leicester D16, 115
Rue de Lens F14, 115
Rue de Lièpvre C22, 118
Rue de Londres D16, 115
Rue de Louvain F16, 115
Rue de Lucerne A16, 114
Rue de Lunéville E18, 117
Rue de Matzenheim A24, 118
Rue de Metzeral C22, 118
Rue de Milan C16, 114
Rue de Molsheim A12, 112
Rue de Mulhouse E19, 117
Rue de Mundolsheim D1, 109
Rue de Nantes F22, 119
Rue de Neufchâtel A21, 118
Rue de Nicosie C21, 118
Rue de Nomény F18, 117
Rue de Palerme B21, 118
Rue de Phalsbourg E4, 109
Rue de Plobsheim B24, 118
Rue de Rathsamhausen
A24, 118
Rue de Reims D14, 115
Rue de Rhinau A24, 118
Rue de Ribeauville C24, 118
Rue de Rome C16, 114
Rue de Rosheim A11, 112
Rue de Rotterdam F15, 115
Rue de Rungis B1, 108
Rue de Saales A12, 112
Rue de Saint-Dié D18, 117
Rue de Sarrebourg B4, 108

Rue de Sarrelouis B9, 112
Rue de Scherwiller B24, 118
Rue de Sebastopol C9, 112
Rue de Soultzmatt E19, 117
Rue de St-Quentin F14, 115
Rue de Ste-Marie aux Mines A23, 118
Rue de Stockholm E16, 115
Rue de Stosswihr D23, 119
Rue de Stuttgart E16, 115
Rue de Thann A23, 118
Rue de Vendenheim D4, 109
Rue de Verdun D14, 115
Rue de Wallonie E15, 115
Rue de Wasselonne A11, 112
Rue de Wissembourg C4, 108
Rue de Zellenberg C24, 118
Rue de Zurich A15, 114
Rue de l'Abattoir A1, 108
Rue de l'Abbé Wetterle B7, 110
Rue de l'Abreuvoir A16, 114
Rue de l'Académie A15, 114
Rue de l'Ain A19, 116
Rue de l'Ancienne Digue F23, 119
Rue de l'Argonne D15, 115
Rue de l'Ecurie E11, 113
Rue de l'Eglise Rouge D3, 109
Rue de l'Epine D11, 113
Rue de l'Hôpital Militaire A16, 114
Rue de l'Ile Jars B7, 110
Rue de l'Observatoire D15, 115
Rue de l'Outre D10, 113
Rue de l'Université B14, 114
Rue de l'Yser E14, 115
Rue de la 1ére Armée E12, 113
Rue de la Brigade Alsace Lorraine F12, 113
Rue de la Carpe-Haute F8, 111
Rue de la Course A10, 112
Rue de la Courtine F10, 113
Rue de la Croix des Bannis D2, 109
Rue de la Croix F10, 113
Rue de la Division Leclerc D11, 113
Rue de la Douane E11, 113
Rue de la Fonderie E9, 113
Rue de la Grossau B23, 118
Rue de la Haute-Montée D10, 113
Rue de la Krutenau A15, 114
Rue de la Kurvau B23, 118
Rue de la Lanterne D11, 113
Rue de la Ménagerie C22, 118
Rue de la Mésange D10, 113
Rue de la Montagne-Verte A18, 116

Rue de la Nuée-Bleue D9, 113
Rue de la Patrie E2, 109
Rue de la Plaine des Bouchers A20, 116
Rue de la Porte de l'Hôpital E12, 113
Rue de la Première Armée F17, 117
Rue de la Rocade B2, 108
Rue de la Roseraie F1, 109
Rue de la Schiffmatt D13, 115
Rue de la Schwanau F18, 117
Rue de la Scierie E18, 117
Rue de la Somme E15, 115
Rue de la Station D18, 117
Rue de la Toussaint C9, 112
Rue de la Ziegelau B24, 118
Rue des Arquebusiers A8, 110
Rue des Aunes D18, 117
Rue des Bains A15, 114
Rue des Balayeurs B15, 114
Rue des Bateliers F11, 113
Rue des Bonnes Gens C9, 112
Rue des Bouchers E12, 113
Rue des Carmélites A22, 118
Rue des Carmes A23, 118
Rue des Cerises D7, 111
Rue des Chasseurs E1, 109
Rue des Châtaigniers E18, 117
Rue des Cigognes D9, 113
Rue des Clarisses E10, 113
Rue des Cottages F20, 117
Rue des Couples E12, 113
Rue des Dentelles C11, 112
Rue des Ecrivains F11, 113
Rue des Fraises C7, 110
Rue des Francs Bourgeois D10, 113
Rue des Frères E11, 113
Rue des Frères Matthis A12, 112
Rue des Glacières C12, 112
Rue des Grandes Arcades D10, 113
Rue des Greniers C12, 112
Rue des Halles C9, 112
Rue des Jacinthes C7, 110
Rue des Juifs E11, 113
Rue des Lilas B6, 110
Rue des Lys D19, 117
Rue des Magasins B9, 112
Rue des Malteries C1, 108
Rue des Mineurs C9, 112
Rue des Moulins C11, 112
Rue des Narcisses C7, 110
Rue des Orfèvres E10, 113
Rue des Orphelins F12, 113
Rue des Planches A15, 114
Rue des Poilus B1, 108
Rue des Poules A15, 114
Rue des Prés D18, 117

Rue des Pucelles F10, 113
Rue des Puits D11, 113
Rue des Roses A23, 118
Rue des Sœurs F11, 113
Rue des Tonneliers E11, 11
Rue des Veaux F11, 113
Rue du 22 Novembre C10, 112
Rue du Bain-aux-Plantes B11, 112
Rue du Ballon B22, 118
Rue du Bande-Sapt E19, 11
Rue du Barrage A5, 110
Rue du Bassin d'Austerlitz A21, 118
Rue du Bilstein C22, 118
Rue du Birkenfels A23, 118
Rue du Chanoine Straub C23, 118
Rue du Château E2, 109
Rue du Chemin-Bleu F19, 11
Rue du Chêne D18, 117
Rue du Cheval C23, 118
Rue du Climont E18, 117
Rue du Commandant Reibel F6, 111
Rue du Dome E10, 113
Rue du Doubs A20, 116
Rue du Faubourg de Pierre D4, 109
Rue du Faubourg de Saverne B9, 112
Rue du Fbg. National A10, 112
Rue du Feu B9, 112
Rue du Fil D9, 113
Rue du Fossé des Tanneurs C11, 112
Rue du Fossé des Treize D4, 109
Rue du Fosse Riepberg B23, 118
Rue du Freconrupt B22, 118
Rue du Général de Castelnau E9, 113
Rue du Général Ducrot B8, 110
Rue du Général Frère E9, 113
Rue du Général Gouraud A13, 114
Rue du Général Rapp E4, 109
Rue du Général Uhrich D8, 111
Rue du Général Zimmer B16, 114
Rue du Grand Couronne E18, 117
Rue du Grand Pt. F16, 115
Rue du Hohneck B22, 118
Rue du Hohwald D2, 109
Rue du Jasmin C7, 110
Rue du Jeu de Paume A16, 114

ue du Jeu des Enfants
0, 112
ue du Jura A16, 114
ue du Kochersberg B2, 108
ue du Landsberg B22, 118
ue du Lazaret E20, 117
ue du Levant D6, 111
ue du Mai D18, 117
ue du Maire Kuss B10, 112
Rue du Maquis F24, 119
Rue du Marais Vert C9, 112
Rue du Marché-Gare B2, 108
Rue du Maréchal Foch
E4, 109
Rue du Maréchal Joffre
A13, 114
Rue du Maréchal Juin
A16, 114
Rue du Maréchal Lefebvre
B20, 116
Rue du Markstein B22, 118
Rue du Mont-Blanc A21, 118
Rue du Munster B22, 118
Rue du Neufeld F18, 117
Rue du Nideck D1, 109
Rue du Noyer D10, 113
Rue du Parc E1, 109
Rue du Parchemin F10, 113
Rue du Rempart A4, 108
Rue du Romarin C6, 110
Rue du Sanglier E10, 113
Rue du Schachenfeld E20, 117
Rue du Schurmfeld A23, 118
Rue du St-Gothard F12, 113
Rue du Sundgau E19, 117
Rue du Tabac A24, 118
Rue du Temple Neuf E10, 113
Rue du Tivoli A6, 110
Rue du Travail C9, 112
Rue du Vieil Armand E24, 119
Rue du Vx. Marché aux
Poissons E11, 113
Rue du Vx. Marché aux Vins
C10, 112
Rue du Wacken A5, 110
Rue Edel D15, 115
Rue Edmond Labbé B15, 114
Rue Edouard Teutsch B8, 110
Rue Ehrmann F4, 109
Rue Emma Wust B13, 114
Rue Erckmann Chatrian
C8, 110
Rue Erwin B8, 110
Rue Escarpée C11, 112
Rue Eugenie A24, 118
Rue Finkmatt D4, 109
Rue Finkwiller C11, 112
Rue Fischart C14, 114
Rue Fix A23, 118
Rue Franz Liszt F14, 115
Rue Frederic A23, 118
Rue Friesé C9, 112

Rue Fritz A16, 114
Rue Fritz Kieffer F3, 109
Rue G. Brion C7, 110
Rue Gaspard Monge C15, 114
Rue Geiler C13, 114
Rue Georges Wodli A4, 108
Rue Goethe B14, 114
Rue Gottfried D13, 115
Rue Gounod E14, 115
Rue Graumann D9, 113
Rue Gutenberg D11, 113
Rue Herder C13, 114
Rue Humann B12, 112
Rue J. Hultz B8, 110
Rue J. Wenger Valentin
B6, 110
Rue Jacques Kable D4, 109
Rue Jacques Peirotes
F12, 113
Rue Jean-Jacques Rousseau
B6, 110
Rue Joseph Guerber F20, 117
Rue Jules Rathgeber E20, 117
Rue Kageneck B10, 112
Rue Kiener B15, 114
Rue Kirschleger B12, 112
Rue Kuhn B10, 112
Rue L. Blum E15, 115
Rue L. Ungemach D1, 109
Rue la Fayette B20, 116
Rue Lauth B7, 110
Rue Léon Boll C7, 110
Rue Louis Apffel F9, 113
Rue Louis Pasteur F1, 109
Rue Louise C1, 108
Rue M. Baltzer A22, 118
Rue M. Weinum F19, 117
Rue Mariano A22, 118
Rue Martin A10, 112
Rue Massenet E13, 115
Rue Mercière E11, 113
Rue Mozart E14, 115
Rue Oberlin F4, 109
Rue Ohmacht B8, 110
Rue P. Bucher F10, 113
Rue P. Doumer B1, 108
Rue P. Reiss E12, 113
Rue Paul Collomp E12, 113
Rue Paul Janet A15, 114
Rue Perle D1, 109
Rue Pestalozzi E15, 115
Rue Pierre de Coubertin
D6, 111
Rue Pierre Montet B16, 114
Rue Porte de la Citadelle
E21, 119
Rue Prechter A15, 114
Rue R. Schickelé D13, 115
Rue René Descartes B16, 114
Rue René Hirschler A8, 110
Rue Richard Strauss A6, 110
Rue Richard Wagner E13, 115

Rue Saint-Aloise A24, 118
Rue Saint-Erhard E19, 117
Rue Saint-Etienne F10, 113
Rue Saint-Georges D14, 115
Rue Saint-Hubert A22, 118
Rue Saint-Louis D12, 113
Rue Saint-Ludan C23, 118
Rue Saint-Marc C12, 112
Rue Saint-Maurice D14, 115
Rue Saint-Michel A10, 112
Rue Saint-Nicolas E12, 113
Rue Saint-Urbain A22, 118
Rue Saint-Urbain B22, 118
Rue Sainte-Agnes A24, 118
Rue Sainte-Anne F20, 117
Rue Sainte-Catherine
A15, 114
Rue Sainte-Cecile F20, 117
Rue Sainte-Elisabeth C12, 112
Rue Sainte-Helene C1, 108
Rue Sainte-Madeleine
F11, 113
Rue Sainte-Marguerite
A11, 112
Rue Sainte-Odile E9, 113
Rue Salzmann D11, 113
Rue Schiller C13, 114
Rue Schnitzler E16, 115
Rue Schoch D15, 115
Rue Schubert E13, 115
Rue Schumann D14, 115
Rue Schutzenberger E1, 109
Rue Schweighæuser B14, 114
Rue Schwendi F4, 109
Rue Schwilgue B13, 114
Rue Sellenick E4, 109
Rue Seyboth B11, 112
Rue Sforza D7, 111
Rue Silbermann C13, 114
Rue Silberrath F6, 111
Rue Simonis A24, 118
Rue Sleidan C14, 114
Rue Spielmann E17, 117
Rue Stœber C8, 110
Rue Strauss Durkheim F4, 109
Rue Tarade F16, 115
Rue Théophile Schuler
B7, 110
Rue Thiergarten B10, 112
Rue Thomann D10, 113
Rue Trubner D13, 115
Rue Turenne A13, 114
Rue Twinger D13, 115
Rue Vauban D15, 115
Rue Waldteufel E14, 115
Rue Wencker A14, 114
Rue Westercamp E13, 115
Rue Wimpheling C14, 114
Rue Zink C22, 118

S
Sentier de l'Aubepine D5, 111

ORTS- UND SACHREGISTER

Hier finden Sie alphabetisch aufgeführt alle in diesem Band beschriebenen Sehenswürdigkeiten und Museen, Hotels (H) und Restaurants (R). Außerdem enthält das Register wichtige Stichworte sowie alle MERIAN-Tipps und Extras dieses Reiseführers. Wird ein Begriff mehrfach aufgeführt, verweist die **fett** gedruckte Zahl auf die Hauptnennung im Band.

A

Abendunterhaltung 64
Aktuaryus 54
Alsace à Table, L' (R) 21
Altes Rathaus 43
Ancienne Douane **35**, 81
Ancienne Douane, L' (R) 21
Ankunft 92
Anreise 92
Antiquitäten 58
Aquädukt **35**, 77
Arp-Skulpturen 36
Arzt 98
Astronomische Uhr 36, 38
Au Cerf d'Or (H) 12
Auberge au Chasseur (H) 16
Auberge de Jeunesse Parc du Rhin (H) 16
Auberge de Jeunesse René Cassin (H) 16
Ausflüge 82, 83, 84, 87, 88
Auskunft 93
Autofahren 92, 100

B

Bague d'Or, La (R) 22
Bahnverbindungen 92
Bars 65
Best Western Hôtel de France 13
Biere 58
Biermesse Eurobière (MERIAN-Tipp) 96
Bistro de la Gare à l'Italienne (R) 22
Bistrot du Quai, Le (R) 22

Blumen 58
Bootsvermietung 93
Boulangerie Paul (R) 73
Brasserie Kronenbourg 36
Bretzel Burgard (R) 73
Breuschwickersheim 84
Brioches Dorée, La (R) 28
Broglie (R) 28
Bücher 58
Büreheisel, Le (R) 22
Burgruine Fleckenstein 88, **89**
Burgruine Haut-Barr 82

C

Cabinet des Estampes et Bibliothèque 51
Café Brant (R) 28
Café Montmartre (R) 28
Cafés 28
Cambuse, La (R) 22
Camping 93
Case de l'Isle Bourbon, La (R) 28
Cathédrale Notre-Dame, La 36
Cathédrale-Dauphin (H) 12
Cave historique des Hospices de Strasbourg (MERIAN-Tipp) 62
Centre Halles 78
Château de l'Ille (H) 16
Château de Pourtalès 36
Château des Rohan 7, 82, **86**
Choucrouterie, La (R) 22
Christian (R) 28
Ciarus, Le (H) 16
Citadines, Les (H) 12
Cloche à Fromage, La (R) 22
Clou, Le (R) 29
Coin des Pucelles, Au (R) 29
Comfort Hotel 12
Comfort Hotel (Strasbourg-Montagne Verte) 16
Conseil de l'Europe 39
Coq Blanc, Au (R) 22
Cour des Chasseurs, La (R) 22
Cour du Corbeau 39, 80

Cour Européenne des Droits de l'Homme 39
Couvent du Franciscain (H) 12
Cream Parfait 29
Crêpe Gourmande, La (R) 24
Crocodile, Au (R) 24
Cruche d'Or, La (H) 12
Cruche d'Or, La (R) 24

D

Dabo 87, **88**
Delikatessen 59
Diplomatische Vertretung 94
Diskotheken 66
Dodo Gourmand, Le (R) 28
Dragon, Le (H) 13
Drehbrücke **40**, 76

E

Eglise Saint-Pierre-Le-Jeune 78
Einkaufen 57, 77
Eisdielen 29
Elsässisches Museum 51
Entfernungstabelle 103
Esplanade (H) 13
Essdolmetscher 30
Essen und Trinken 18
Europabrücke 45
Europäischer Gerichtshof für Menschenrechte 8, **39**
Europäisches Parlament 8, **45**
Europarat 7, **39**, 79
Europe, L' (H) 13
Exotische Restaurants 28

F

Fahrrad (MERIAN-Tipp) 101
Fahrscheine 101
Feiertage 94
Fernsehen 94
Feste 94
Festin de Lucullus, Le (R) 24
Festspiele 95
Festung Hohenburg 83
Flam's, Le (R) 24
Fleckenstein 88, **89**
Flugverbindungen 92

unch (R) 73
ire Saint-Jean 72
ormule 1 (H) 13
ossé du faux Rempart 48
otografieren 97
our à Chaux 88
rancs-Bourgeois, Des (H) 13
rauenhausmuseum 54
remdenverkehrsbüro 93
undbüros 97

G

Galerie Alsacienne 51, **53**
Galerien 50, **54**
Gedeckte Brücken **45**, 76
Geld 97
Gemälde (MERIAN-Tipp) 56
Gerberviertel 76
Gerichtshof für Menschenrechte 8
Geschenke 59
Geschichte 104
Getränke 18
Glacier Franchi, Le (R) 29
Goethe-Denkmal 40
Grand' Rue 43
Grands Appartements 53
Gutenberg (H) 13
Gutenberg-Denkmal **40**, **43**

H

Handelskammer 43
Handy 100
Hannong (H) 13
Haras National 72
Haus Kammerzell 77, **78**
Haut-Barr 82
Historisches Museum 7, 51, **53**, 80
Holzgemälde (MERIAN-Tipp) 56
Horloge Astronomique 36, **38**
Hostellerie du Duc d'Alsace (H) 16
Hostellerie Mont Sainte-Odile (H) 16
Hotels 10
Hotel Beaucour-Baumann (MERIAN-Tipp) 13
Hôtel de Ville 40
Hotels in der Umgebung 16

Hoube, La 88

I

Ibis (H) 17
Ibis Centre (H) 14
Ill, De l' (H) 14
Internet 97

J

Jazzkneipen 68
Joyeux Pêcheur, Au (R) 24
Judicaelle, Chez (MERIAN-Tipp) 66
Jugendherbergen 16
Jugendtheater 72
Julien (R) 24

K

Käse 59
Kathedrale 35, **36**
Kellermann-Denkmal 40
Keramik 61
Kinder 59, **72**, 98
Kinderfreundliche Restaurants 73
Kinos 68
Kinoplakate 60
Kléber-Denkmal **40**, 43
Klima 99
Konservatorium 79
Konsulate 94
Konzerte 68
Krontal 85
Krutenau 8, **40**
Kunstgewerbemuseum 51
Kupferstichkabinett 51

L

La Petite France 8, 35, **40**, 76
Lebensmittel 60
Leclerc-Obelisk 42
Lederwaren 60
Lembach 88
Lesetipp 6
Lohkäs (R) 24
Lokale 68
Löwenstein 89
Lutzelbourg 87

M

Maharaja, Le (R) 28
Maison de la Télévision 43
Maison des Tanneurs 42

Maison des Tanneurs, La (R) 24
Maison Kammerzell (R, MERIAN-Tipp) **26**, 42, 81
Maison Katz (Saverne) 86
Maison Rouge (H) 14
Märkte 60
Marlenheim 82, **85**
Marmoutier 85
Maronnier, Le (R) 25
Marqueterie (MERIAN-Tipp) 56
Mauresse, La (R) 25
Medizinische Versorgung 98
Mercure (H) 14
MERIAN-Lesetipp 6
Mietwagen 101
Milles Pâtes, Aux (R) 25
Mode 60
Mont Sainte-Odile 83
Moulin de la Wantzenau, Le (H) 17
Muensterstuewel, S' (R) 29
Münster 7, 35, **36**, 43
Münsterplatz **77**, 81
Münsterviertel **43**, 80
Musée Alsacien 7, **51**
Musée Archéologique 7, 51, **52**
Musée Arquéologique (Saverne) 82
Musée d'Art Moderne 51, **52**
Musée de l'Œuvre Notre-Dame 7, 51, **54**
Musée des Arts Décoratifs 7, **52**
Musée des Beaux-Arts 7, **53**
Musée Historique 7, 51, **53**, 80
Musée Zoologique 72
Museen 50
Musées du Palais des Rohan 51, **52**
Museum für Archäologie und Geschichte (Saverne) 82
Museum für moderne Kunst 51, **52**

N

Nationales Pferdezucht-Zentrum 72
Nationaltheater 79
Nebenkosten 97
Notruf 98

O

Obernai 83
Odilienquelle 83
Öffentliche Verkehrsmittel 101
Oper 68
Opera Café (R) 28

P

Palais de l'Europe 8
Palais de la Musique et des Congrès 44
Palais des Rohan 44
Palais du Rhin 79
Panier du Marché, Le (R) 25
Parc de Contades 44
Parc de l'Orangerie **44**, 72
Parc de la Citadelle 44
Parfümerien 61
Parlement Européen 45
Pâtisserie Winter (R) 28
Pax (H) 14
Père Benoit (H) 17
Petite Ecurie, La (R) 25
Petite Mairie, La (R) 25
Pfifferbriader, Am 80
Pichet d'Or, Au (R) 29
Place Benjamin Zix 76
Place Broglie **43**, 77, 81
Place de l'Homme de Fer 78
Place de la République 79
Place du Corbeau 80
Place Gutenberg 81
Place Kléber 78, **81**
Place Saint-Thomas 76
Planetarium 73
Pole Sud 73
Polizei 98
Pont aux Chats, Le (R) 25
Pont Corbeau, Le (R) 29
Pont de l'Europe 45
Pont de l'Ill, Au (R) 25
Pont de l'Université 79
Pont du Corbeau 45
Pont du Marché 78
Pont Kennedy 79
Ponts-Couverts 45

Port Autonome de Strasbourg 45
Porzellan 61
Post 98
Postkarten 61
Preisklassen (Hotels) 12
Preisklassen (Restaurants) 21
Princes, Des (H) 14
Puits aux Six Seaux 84

R

Radtour (Saverne) 84
Ramses (H) 17
Régent Petite France (H) 14
Reisedokumente 98
Reisewetter 98
Renard Prêchant, Au (R) 25
Restaurant Courte Paille 73
Restaurant Kammerzell 78
Restaurants 21
Rhein-Marne-Kanal 87
Robe des Champs, La (R) 26
Rohan, Des (H) 14
Roi et son Fou, Le (R) 28
Rue des Juifs 43, **46**
Rue du Sanglier 44
Rundfunk 94

S

S'Muensterstuewel (R) 29
S'Stuebel (R) 26
Saint-Paul 79
Saint-Sépulcre, Le (R) 29
Saint-Thomas 46
Sammlung Tomi Ungerer 54
Saverne 82, 84, 86, 87
Schiffshebewerk 87, 88
Schmuck 61
Schokolade 61
Sehenswürdigkeiten 34
Sofitel (H) 14
Soultz-les-Bains 84
Souvenirs 62
Spaziergänge 74, 76, 77, 79, 80
Spezialitäten 20
Sport 98
Sprache 99
Sprachführer 106

Stadtrundfahrt 99
Stadttheater 43
St-Louis-Arzviller 87
Stoffe 62
Synagogue de la Paix 46

T

Tabakmanufaktur 48
Taxis 102
Telefon 100
Terrasse Panoramique du Barrage Vauban 48
Tête de Lard, A la (R) 26
Theater 69
Totenmonument **48**, 79
Trinkgeld 100
Trois Roses, Aux (H) 14

U

Unterkünfte 10

V

Verkehrsverbindungen 100
Vieille Enseigne, La (R) 26
Vieille Tour, La (R) 26
Villa d'Est (H) 16

W

Warenhäuser 63
Wäsche 63
Wasselonne 82, 85
Wasserwege 48
Weihnachtsmarkt 73
Weine **21**, 63
Weinstuben 7, 29
Winstubs 7
Wetter 99
Wolxheim 84

Y

Ysehuet, Zum (R) 26
Yvonne, Chez (R) 29

Z

Zeitung 102
Zimmer Sengel (R) 26
Zoll 102
Züricher Brunnen 49

MERIAN
Die Lust am Reisen.

Jetzt im Buchhandel: Das MERIAN-Heft Elsass

Liebenswerte Idylle und gelassene Lebensart.
Interview mit Tomi Ungerer. Straßburg: Entspannte
Hauptstadt der Region. Wunder des Mittelalters:
Der Isenheimer Altar von Matthias Grünewald.
Kulinarischer Hochgenuss: Die Auberge de l'Ill.

IMPRESSUM

Liebe Leserinnen und Leser,

wir freuen uns, Ihre Meinung zu diesem Reiseführer zu erfahren. Bitte schreiben Sie uns, wenn Sie Berichtigungen und Ergänzungsvorschläge haben oder wenn Ihnen etwas besonders gut gefällt:

Gräfe und Unzer Verlag, Reiseredaktion, Postfach 86 03 66, 81630 München
E-mail: merian-live@graefe-und-unzer.de

Alle Angaben in diesem Reiseführer sind gewissenhaft geprüft. Preise, Öffnungszeiten usw. können sich aber schnell ändern. Für eventuelle Fehler übernimmt der Verlag keine Haftung.

© Gräfe und Unzer Verlag GmbH, München

Auflage	5.	4.	3.	2.	1.
Jahr	05	04	03	02	01

Lektorat: Karin Szpott
Kartenredaktion:
Reinhard Piontkowski

Bei Interesse an Karten aus MERIAN-Reiseführern schreiben Sie bitte an: iPublish GmbH, geomatics, Berg-am-Laim-Straße 47, 81673 München. E-Mail: geomatics@ipublish.de

Gestaltung: Ludwig Kaiser
Karten: MERIAN-Kartographie
Produktion: Maike Harmeier
Satz: Design-Typo-Print GmbH
Druck und Bindung: Stürtz AG, Würzburg
ISBN 3–7742–6122–9

Alle Fotos J. Jepsen außer
G. Amberg 71; D. Blase 41o, 61, 84;
F. Freyer 4/5, 9o, m, 10/11, 18/19, 47o, u, 50, 55o, m, 67u, 74/75, 80, 90/91, 103; H. Hartmann 23m, 32/33, 41m, 49; G. Huber/laif 89; M. Thomas 17, 23u;

Gedruckt auf Primaset (Stora Enso) von Papier Union.

MERIAN
Die Lust am Reisen.

DM 14,80 · SFR 14,80 · ÖS 108 · LIT 19 000 · 9 · C 4701 E

Jetzt neu im Internet: www.merian.de

MERIAN
Elsass

Straßburg: Rendezvous mit Europa auf engstem Raum
Tomi Ungerer: So reizend ist das Elsass
Vogesen: Auf der Höhe der Gastlichkeit

ISBN 3-7742-6605-0   01480
9 783774 266056

Jetzt im Buchhandel: Das MERIAN-Heft Elsass

Liebenswerte Idylle und gelassene Lebensart.
Interview mit Tomi Ungerer. Straßburg: Entspannte
Hauptstadt der Region. Wunder des Mittelalters:
Der Isenheimer Altar von Matthias Grünewald.
Kulinarischer Hochgenuss: Die Auberge de l'Ill.

Über 100 weitere Titel im Buch- und Zeitschriftenhandel

IMPRESSUM

Liebe Leserinnen und Leser,

wir freuen uns, Ihre Meinung zu diesem Reiseführer zu erfahren. Bitte schreiben Sie uns, wenn Sie Berichtigungen und Ergänzungsvorschläge haben oder wenn Ihnen etwas besonders gut gefällt:

Gräfe und Unzer Verlag, Reiseredaktion, Postfach 86 03 66, 81630 München
E-mail: merian-live@graefe-und-unzer.de

Alle Angaben in diesem Reiseführer sind gewissenhaft geprüft. Preise, Öffnungszeiten usw. können sich aber schnell ändern. Für eventuelle Fehler übernimmt der Verlag keine Haftung.

© Gräfe und Unzer Verlag GmbH, München

Auflage	5.	4.	3.	2.	1.
Jahr	05	04	03	02	01

Lektorat: Karin Szpott
Kartenredaktion:
Reinhard Piontkowski

Bei Interesse an Karten aus MERIAN-Reiseführern schreiben Sie bitte an: iPublish GmbH, geomatics, Berg-am-Laim-Straße 47, 81673 München. E-Mail: geomatics@ipublish.de

Gestaltung: Ludwig Kaiser
Karten: MERIAN-Kartographie
Produktion: Maike Harmeier
Satz: Design-Typo-Print GmbH
Druck und Bindung: Stürtz AG, Würzburg
ISBN 3–7742–6122–9

Alle Fotos J. Jepsen außer
G. Amberg 71; D. Blase 41o, 61, 84;
F. Freyer 4/5, 9o, m, 10/11, 18/19, 47o, u, 50, 55o, m, 67u, 74/75, 80, 90/91, 103; H. Hartmann 23m, 32/33, 41m, 49; G. Huber/laif 89; M. Thomas 17, 23u;

Gedruckt auf Primaset (Stora Enso) von Papier Union.